정의사회를 지향하는 법조인의 지성과 감성의 목소리

동상이몽

정승열 세 번째 수필집

오늘의문학사

국립중앙도서관 출판예정도서목록(CIP)

동상이몽 : 정승열 세 번째 수필집 / 지은이: 정승열. -- 대전 : 오늘의문학사, 2018
p. ; cm

대전광역시와 대전문화재단에서 사업비 일부를 지원 받았음
ISBN 978-89-5669-956-1 03810 : ₩15000

한국 현대 수필[韓國現代隨筆]

814.7-KDC6
895.745-DDC23 CIP2018035061

동상이몽

■ 책머리글

『동상이몽』을 펴내며

2009년에 두 번째 수필집을 발표한 후 무려 9년 만에 세 번째 수필집을 세상에 내놓았다. 청춘을 바쳤던 공직을 퇴직하고 법무사 개업 후 좀체 시간을 내지 못한 것이다. 사실 공무원 재직 시에 쓴 수십 권의 법률실무서에 대한 개정판을 출판사에서 누차 요청했어도 차일피일 미루다가 대부분 절판되기도 했다. 또, 인터넷의 발달로 종이 책보다는 인터넷을 통한 작품 발표와 구독이 활발해진 시대에 누가 서점에서 책을 사겠느냐는 말로 자신을 변명하면서, 내 자신도 수년 전부터 매주 서너 군데의 웹 사이트에 작품을 꾸준히 발표하는 동안 이런 확신은 더욱 굳어졌다.

그런데, 고희를 맞으면서 아무리 그렇다 해도 활자로 찍힌 작품 하나는 남겨야 되지 않겠느냐는 주변의 권유를 뿌리치지 못하고 마음을 바꿔기로 했다. 이번에 발표하는 세 번째 수필집도 이전과 마찬가지로 그동안 여러 신문과 잡지에 발표한 작품 중 비교적 근래의 것들을 중심으로 하고, 여기에 미발표 작 몇 개를 보탰다. 작품을 고르다 보니 발표했던 지면도 십여 군데가 넘고 또, 작품숫자도 엄청 많은 것을 알게 되면서 선별하는데 애로가 많았다.

우리는 여럿이서 가정과 사회 그리고 나라를 이루며 살아가고 있지만, 언제부턴가 '우리'가 아닌 '너와 나'의 이기적인 사회로 변질되어 함께 살아가긴 해도 동상이몽처럼 살고 있음을 아쉬워하며 수필집의 제목으로 삼았다.

편제 방식은 예전과 마찬가지로 4장으로 나누고, 제1장에서는 가정과 내 주변에 관한 소소한 이야기들을 싣고, 제2장에서는 직장 주변에서 벌어지는 이런 저런 이야기들을, 제3장에서는 우리가 사는 세상을 문틈으로 들여다보는 심정을 소개하고, 제4장에는 시사 칼럼으로 꾸몄다. 다만, 예전의 수필집과 달리 이번에는 국내외 여행칼럼은 제1장에 지역별로 몇 개 나눠서 실었지만, 수년째 『예향대전』·『충청예술문화』에 연재 중인 영화감상은 한편도 넣지 못했다. 매번 그러했듯이 독자들의 이해를 돕기 위하여 작품 말미에는 발표했던 신문이나 잡지의 이름과 날짜를 기재해 두었으며, 작품 발표 이후 관련 내용에 변화가 있은 경우에는 추기를 해두었음을 밝혔다.

아직도 홀로서기에 서툰 내 자식들에게 세상을 살아가는데 작은 힘이 되어 주기를 바라면서 하늘에서 항상 지켜보고 계실 부모님에게 이 책을 바친다.

2018년 가을

청실 서재에서 정 승 열

목 차

목 차

제2부_ 또 하나의 자아실현

목 차

제3부_ 문틈으로 들여다 본 바깥세상

제4부_ 이런들 어떠하리

동상이몽

제1부

사랑하며 꿈꾸며

1. 몬도가네

'웬만하면 종합병원 가지 말라'고 하는 말을 많이 들었지만, 요즘처럼 그 말을 절실하게 실감한 적이 없다. 우선, 종합병원에 가면 접수한 뒤 한 시간 기다리는 것은 기본이고, 진찰실에 들어가서 의사와의 대면시간은 1분도 채 되지 않을 정도여서 궁금한 것을 미처 물어보지도 못한 채 일어서기 일쑤다. 무엇보다도 아무리 환자가 밀리고 절차에 익숙하지 못한 환자들의 이런저런 질문이 귀찮다고 해도 인술을 생명으로 하는 병원이니 조금만 더 친절하게 대해준다면 이런 불만쯤은 묻히기 마련이지만, 종합병원의 불친절과 생각하지 못한 비용부담이 겹쳐서 더욱 불만스러운 것이다.

물론, 동네의원에서도 얼마든지 치료가 가능한 질병인데도 무턱대고 종합병원을 찾는 환자들의 잘못된 행태도 크게 반성해야 하겠지만, 어쩔 수 없이 종합병원을 찾아가지 않을 수 없는 입장에서는 군림하듯 고압적인 의사들과 간호사, 심지어 창구에서 접수·수납하는 직원들의 불친절과 어디를 가건 기다려야 한다는 사실이 여간 불만스럽지 않다. 내가 종합병원에 대해서 더 큰 불만과 불신을 갖게 된 것은 지난해 5월 말부터 연말까지 반년이상 종합병원을 다니면서 겪은 어처구니없는 결과 때문이다.

지난해 5월 말, 격년으로 건강검진을 받은 1차병원에 결과를 보러 가니, 의사는 '위에 종양이 생겼고, 폐는 결핵인 것 같다'고 했다. 그 말을 듣고 깜짝 놀라서 즉시 의사의 소견서와 진료차트며 필름을 복사한 시디를 들고 대학병원으로 달려갔다. 1차병원에서의 검사결과를 종합병원에서 다시 확인해보고, 설령 수술을 받게 되더라도 '대학병원'에서 받는 것이 더 나을 것이라는 기대감에서였다. 물론, 그날은 토요일이어서 대학교수인 의사선생님의 진료는 생각하지도 않고 오로지 접수만 할 요량이었다.

대학병원에서는 먼저 위에 종양이 생겼다는 것부터 치료받으려고 소화기내과에 진료를 신청했다. 창구 여직원은 대학교수인 의사선생님이 강의 때문에 주중에 세 번 그것도 한나절씩만 진료한다고 말했지만, 당연히 그러려니 하고 생각했다. 당연히 대학교수님의 '특진'이었다. 그 다음 주 진료일 아침. 예약시간에 앞서 병원에 가서 진료실의 대기석에 앉아 순서를 기다렸지만, 예약한 시간이 훨씬 지나도 내 순번은 오지 않았다. 물론 앞선 대기자가 줄어들기라도 한다면 진료중인가 보다 하고 짐작이라도 할 수 있지만, 도대체 대기자가 줄어드는 기미가 보이지 않았다. 의사가 진료를 하고 있는지, 아니면 아직 출근을 하지 않으신 것인지 알 수 없었다. 슬슬 짜증이 날 무렵에야 내 이름을 불렀다.

진찰실에 들어가니, 의사는 1차병원에서 복사해서 진료를 접수하면서 제출했던 시디를 pc에 불러내어 이리저리 살펴보면서 '담배를 피우느냐?, 술은 얼마나 마시느냐?'는 등의 질문을 했다. 나중에는 '직업이 무엇이냐?'고 묻기도 했다. 그런 통상적인 질문은 아마도 발병원인을 알기 위해서 환경과 평소 건강생활을 알아보려고 하는 것 같았다. 이런 형식적인 몇 마디 질문 끝에 다음

주 오후에 위 수술을 하기로 날짜를 지정받은 것이 그날 진료의 전부였다. 그것이 대학교수의 특진이었다. 그리고 그 다음 주에는 예약한대로 위 내시경 수술을 받았다.

수술 후에는 떼어낸 종양이 악성인지 여부에 대한 조직검사 결과를 보러 일주일 후 다시 대학병원을 찾아갔다. 악성종양이 아니라고 해서 안심은 했지만, 결국 접수부터 진료일 지정, 수술, 수술 후 결과보기로 매주 한 차례씩 찾아가다보니 6월 한 달 내내 대학병원을 다닌 셈이 되었지만, 갈 때마다 지체와 기계적인 일처리에 불만은 쌓여갔다.

그러나 7월부터는 1차병원에서 폐결핵이라는 진단에 대한 정밀검사를 받기 위해서 호흡기내과 진료를 예약했다. 호흡기내과에서도 순서는 소화기내과에서와 똑같았다. 첫날에는 진찰일자만 지정받고, 지정된 진료일에는 폐기관지에 내시경을 넣고 검사를 했다. 혹시 기관지 내시경검사를 받아본 사람이라면 알겠지만, 마취액을 코로 들이켜서 폐 깊숙이 집어넣는 고통은 겪어본 사람이 아니면 알 수 없는 힘든 일이다. 아무튼 그런 고역을 겪으면서 폐에 들어있는 가래를 빼내고 조직검사도 했다. 검사결과 다행히도 결핵이 아니라고 했다. 사실 오랫동안 공무원 생활을 하면서 2년마다 정기적인 건강검진을 받아오는 동안 한 번도 이상이 없던 폐에 갑자기 결핵이 걸렸을 리 없어서 당연한 결과라고 생각했다. 그래도 의사인 대학교수님으로부터 결핵이 아니라는 확인을 받았으니, 고마운 일이었다.

하지만, 의사의 그 다음 행동이 참으로 이상했다. 그는 씨티 화면상에 나타난 이상증세를 알 수 없다며, 혹시 디스토마가 아닐지 모르겠으니 2개월 동안 디스토마 약을 복용한 뒤에 그 결과를 보자고 했다. 1차병원에서는 폐결핵이라고 했어도 그 진단을 믿지 않았으며 대학병원에서 검사한 후 폐결핵이 아닌 것이 확인되었지만, 대학병원에서 대학교수인 의사가 디스토마라고 말했을 적에는 혹시 그럴 가능성도 있겠다는 생각도 했다. 평소 생고기와 특수부위를 즐겨먹었기에….

그래서 의사의 처방전을 받아들고 디스토마 약을 2개월 복용하고 난 10월, 다시 대학병원에 가서 폐 사진을 찍었다. 그러나 5월에 1차병원에서 찍었던 필름이나 디스토마 약을 복용하기 전인 7월에 대학병원에서 찍은 필름과 별 차이가 없었다. 사실 X선 필름에 대해서는 문맹자나 다름없는 내게 의사가 뭐라고 말하건 믿을 수밖에 없는데도, 고개를 갸웃거리는 모양새가 미덥지 않았다. 그러더니 다시 씨티 촬영을 해보자고 했다. 미덥지 않았지만, 대학교수인 의사가 다시 촬영해보자는 말을 어느 누가 거절할 수 있을까? 다시 날짜를 지정받아서 씨티 촬영을 하고, 그 일주일 뒤 다시 병원을 찾아갔다. 그렇지만, 그 필름 역시 지난번에 찍었던 것과 맨 눈으로 보아도 별 차이가 없었다. 의사는 이번에도 아무런 확답도 하지 않은 채 6개월쯤 경과를 지켜보자고 말한 것이 전부였다.

이렇게 5월 말에 1차병원에서 나타난 결과를 들고 6월 초부터 4개월 동안 매주 1회 이상 대학병원에 다니느라 가을이 되었지만, 그동안 허비한 시간과 엉뚱한 디스토마 약 복용 등의 시간이며 비용 부담은 둘째 치고 명확한 결과도 알지 못하게 되니 대학교수인 의사와 대학병원에 불만이 생기지 않을 리 없었다. 그날

집에 돌아와서 가족들에게 그런 결과를 얘기하자, 이구동성으로 서울의 종합병원에 가서 진찰을 받아보자고 했다.

그런데, 며칠 후 어느 모임에서 회의를 마치고 점심을 하는 자리에서 이 얘기를 꺼내자, 개업 의사이자 전국의사협회장을 역임한 B원장은 '대학교수인 의사가 6개월쯤 뒤에 보자고 했으면, 그렇게 하지 구태여 비싼 비용을 들여서 서울까지 갈 필요가 있느냐?'고 말했지만, 다른 사람은 '지방병원의 의료수준이 매우 열악하니, 서울의 큰 종합병원에 가서 다시 검사를 받아보는 것이 좋겠다.'며 재검을 권했다. 점심을 마치고 돌아오면서 곰곰이 생각해보니, 팔이 안으로 굽는다고 의사는 아무래도 의사의 입장을 지지하는 것 같고, 일반인은 의사의 오진이며 지방의 낮은 의료수준을 못미더워하는 것 같았다.

그 뒤에도 업무관계로 찾아온 A부장과 얘기를 나누던 중 내 사정을 얘기했더니, 그는 자신이 직접 체험했다며 어느 개인병원을 추천해주었다. 한방과 양방을 겸하는 그 병원에서는 진료기록이나 영상자료도 필요 없이 의사가 진맥을 한 뒤 처방을 해준다고 했다. 하지만, 결국 서울의 종합병원에 가서 진찰을 받아보기로 작정하고 알아본 결과, 종합병원에 진료를 접수하려면 진료 받은 병원의 진료차트와 담당의사의 소견서를 제출해야 한다고 했다. 대학병원에 전화를 걸고 진료기록과 영상자료 복사를 신청하니, 전화를 받은 직원은 이러한 자료 복사조차 진료예약을 한 뒤 담당의사의 지시가 있어야 가능하다고 했다. 진료기록을 복사 받는 하찮은 것조차 담당의사에게 진료를 신청해야 한다는 기계적인 처사가 불만스러웠지만, 어쩔 수 없이 다시 대학병원을 찾아갔다.

이달만 해도 오늘까지 네 차례나 찾아갔으니, 얼마나 짜증나고 불만스러웠는지 물어보나 마나다. 그렇게 진료를 예약하고 메모지를 받아들고 소견서 등 진료기록을 복사하는 창구에서 기록 8매 복사에 1,000원을 내고, 다시 영상필름 담당창구에 가서 복사비 10,000원을 낸 뒤 복사된 시디를 받았지만, 이곳 저곳 창구를 돌아다니느라 꼬박 한나절을 허비했다. 반년동안 대학병원을 좇아다녔지만, 도대체 내가 무슨 치료를 받았으며, 진료비며 검사비로 낸 비용만이 얼마인지 나 자신도 알 수 없다는 사실에 분노하게 되었다. 몬도가네(Mondo Cane)는 기괴하고 끔찍한 세상 풍물을 모은 1960년대 이탈리아 영화제목인데, 몬도가네란 It`s a dog`s world 즉 "개 같은 세상"이란 뜻이다.

정말 몬도가네 같은 병원이다. '사람이 아프지 말아야지 원….'

-계간 공무원문학 2018년 봄호(제42집)-

2. 낙엽을 밟으며

세상의 모든 어려움을 혼자서 해결할 수 있을 것 같던 20대 슈퍼맨의 혈기도 사라지고, 어느새 톱니바퀴처럼 반복되는 단조로운 일상에 순응하며 살아가는 소시민으로 전락한 지도 오래다. 이처럼 보잘 것 없는 존재로 축소된 일상에서는 조금만 달리 시간을 보내더라도 하루가 무척 새롭게 느껴지는 것은 비단 나 혼자만일까?

반복되는 일상에서 적절한 변화만이 삶에 활기를 넣어준다고 굳게 믿고 있지만, 그 변화가 한치 앞도 예측할 수 없이 변한다면 그것은 미래에 대한 불안으로 다가설 뿐이다. 어제의 지식도 낡은 상자 속에 처박아 두어야 할 만큼 급변하고 있는 요즘 이처럼 엉거주춤한 일상에서 하루하루를 보내고 있다. 인간이 만든 시간이라는 그물 속에 갇힌 채 의욕적으로 출발했던 새로운 한 달도 조금은 느슨해지고 생활의 때가 끼었다고 느낄 무렵이면 내 자신도 조금은 지쳐 있음을 깨닫게 된다. 그것이 계절의 변화를 느끼게 하는 것인지 아니면 점점 노쇠해가는 자신의 능력과 체력의 한계 때문인지는 잘 모르겠지만, 이렇게 점점 자신을 돌아보는 시간이 점점 많아진다는 것은 분명 자신이 지쳐가고 있음을 깨닫게 한다.

가을이 깊어가는 10월 하순, 점심시간을 이용해서 보라매공원을 찾아갔다. 사무실에서 5분도 채 걸리지 않는 보라매공원은 매일 걸어서 출퇴근하면서 가로질러 다니는 길목이기도 한데, 모처럼 가을단풍을 맛보기 위해서다. 둔산 신도시 한가운데에 있는 시청과 정부청사 사이로 쭉 뻗은 직선도로에 넓은 중앙분리대처럼 만든 공간에 나무도 심고, 벤치도 설치해둔 길을 보라매공원이라고 하는데, 그것은 이곳이 신도시를 개발하기 전에 육군항공학교가 있던 부대 터라고 해서 붙여진 이름이다. 하지만, 사람들은 '가로공원'이라고 더 많이 부르고 있다.

온통 회색 콘크리트 숲뿐인 신도시에서 이른 봄이면 앙상한 나뭇가지에서 새잎들이 돋아나서 점점 싱그러운 가로수로 변하고, 그 짙푸르름이 조금씩 노랑 빛을 비치더니 이젠 붉게 물들어가고 있는 것을 눈요기 할 수 있다는 것은 퍽 행운이라고 생각한다. 공원의 좌우로는 시교육청, 세무서, 노동청, 구청, 우체국, 소방서, 특허법원, 경찰청 등 수많은 관공서들이 밀집해 있다. 다람쥐 쳇바퀴 돌 듯 매일 집과 직장을 오가는 직장인들은 가로공원의 가로수들이 변해가는 모습을 바라보면서 세월의 변화를 느끼게 되는데, 어쩌면 가로수와 함께 자신의 노쇠를 돌아보게 되는지도 모르겠다.

매일 쫓기듯이 스쳐지나가기만 했던 그 공원을 오늘은 모처럼 북쪽 끝 샘머리공원에서 남쪽 끝 시청 앞까지 약 500미터쯤 되는 거리를 천천히 걸으면서 가을을 느껴보았다. 어느새 단풍이 된 나뭇잎들이 매달린 풍경이며, 제법 두툼하게 쌓인 낙엽을 밟아보는 것은 잠깐이나마 도심에서 깊은 산골의 가을을 느끼게 해주어서 좋았다. 이심전심인지 주변의 수많은 남녀 직장인들이 무리를 지어서 혹은 한두 명씩 마치 퇴근길 지하철 출구에서 쏟아져 나오듯 산책하며 웃고 떠드는 한가로움을 볼 수 있는 것도 보람 있는 시간이었다. 문득, 법원이 서초동으로 이전하기 전 서소문에 대법원과 서울고등법원이 있을 때, 점심시간이면 주변 직장인들에게 무료입장을 허락해주어서 산책할 수 있었던 덕수궁의 가을이 되살아나기도 했다.

그런데, 오랜만에 이렇게 낯모르는 사람들 틈에 끼어서 잠시나마 단풍구경을 하면서 계절의 변화를 실감하면서 더불어 아직은 내 자신이 세상과 낙오된 존재가 아니라 함께 살아가고 있음을 검증시간이 되었다는 생각이 드는 시간이기도 했다. 프랑스 시인이자 평론가였던 레미 드 구르몽(Rémy de Gourmont, 1858~1915)의 잘 알려진 시 '낙엽'이 떠오른다.

낙엽

시몬!
나무 잎새 져버린 숲으로 가자.
낙엽은 이끼와 돌과 오솔길을 덮고 있다.

시몬!
너는 좋으냐? 낙엽 밟는 소리가.
낙엽 빛깔은 정답고 모양은 쓸쓸하다.
낙엽은 버림받고 땅 위에 흩어져 있다.

시몬!
너는 좋으냐? 낙엽 밟는 소리가.

해질 무렵 낙엽 모양은 쓸쓸하다.
바람에 흩어지며 낙엽은 상냥히 외친다.

시몬!
너는 좋으냐? 낙엽 밟는 소리가.
발로 밟으면 낙엽은 영혼처럼 운다.
낙엽은 날개 소리와 여자의 옷자락 소리를 낸다.

시몬!
너는 좋으냐? 낙엽 밟는 소리가.
가까이 오라,
우리도 언젠가는 낙엽이 되리니
가까이 오라,
밤이 오고 바람이 분다.

시몬!
너는 좋으냐? 낙엽 밟는 소리가…….”

-2015.11.03. 고시 위크 칼럼-

3. 서점에서

새해를 맞으면서도 청소년시절처럼 거창한 희망이나 결심도 세우지도 못한 채 그럭저럭 한 달이 지나가고 있다. 주말인 오늘, 밤사이에 마치 봄에서 여름으로, 여름에서 가을로 계절이 바뀌는 것을 알려주는 전령사처럼 가랑비가 내렸다. 기온도 많이 누그러져서 영하 15도 밑을 계속하던 날씨도 영하 1도로 올라서고, 한낮에는 영상 5도까지 갈 것이라고 했다. 근 2주일가량 한반도를 점령했던 한파가 슬그머니 물러난 엊그제부터 사람들은 그동안 한파에 짓눌렸던 긴장이 풀어져서인지, 이구동성으로 날씨가 많이 풀렸다고 한 것이 이 정도였다. 다음 주 목요일이 음력절기상 입춘이니, 이 비가 겨우내 꽁꽁 얼어붙었던 대지를 녹여주는 봄비일는지 모르겠다고 생각했지만, 살구며 매화꽃이 만발하던 4월 초순에도 폭설이 내리기도 해서 이 비가 상큼하게 봄으로 가는 첫걸음이라고는 생각하지 않았다.

음산한 날씨 속에서 지내다가 마음까지 꽁꽁 얼어붙어버린 것 같은 답답함을 벗어나 보려고 외투를 걸쳐 입고 무작정 집을 나섰다. 그러나 아파트 엘리베이터를 내려서자 딱히 갈 곳이 생각나지 않았다. 발길이 닿는 대로 찾아간 곳은 아파트 길 건너 두 블록 떨어진 서점이었다.

널찍한 서점 안에는 초등학생을 데리고 나온 젊은 주부 두어

명이 서가에서 책을 들춰보고 있고, 아이 한둘은 서가를 등받이 삼고 바닥에 주저앉은 채 책을 읽고 있었다. 내 아이들이 중·고생이던 때에는 어려서부터 책 읽는 습관을 가지라는 생각에서 거의 매 주말 찾아갔던 서점이었지만, 아이들이 하나둘 자라서 서울로 간 뒤에는 오랫동안 찾지 않았다. 사실 아파트와 주택가 골목에 있는 서점이어서 내가 읽을 책이 별로 없다는 점도 있었지만, 그동안 서점에 갈 짬조차 내지 못해서 대부분의 법서나 전문 서적은 인터넷으로 구입해왔기 때문이다.

서점 안을 한 바퀴 휙 돌아보니 역시 주택가의 서점답게 초·중·고생들의 학습참고서와 월간지들이 대부분이었다. 한쪽 구석에 역사소설이며 수필 등의 서가가 있기에 그곳으로 가서 서가에 꽂힌 책의 이름과 저자들을 훑어보다가 오래 전에 구입했던 '한권으로 읽는 삼국왕조, 고려왕조, 조선실록' 등 세 권의 책이 눈에 띄었다. 그 책들은 그동안 인기가 많아서인지 몇 차례 판을 수정하여 개정판을 내면서 쪽수도 크게 늘어났다는 광고문구가 눈에 띄어서 개정판 서문을 읽어보고 달라졌다는 부분들을 읽어보기도 했다.

그러다가 문득 그 옆에 '백성의 눈으로 본 조선왕조실록'이란 상·하권의 책도 눈에 띄었다. 그 책을 끄집어내어 서문을 읽어보니 저자는 대학에서 스페인어를 전공하고 현재는 미국에서 살고 있는 교포인데, 역사가 승자의 기록이라는 점을 전제로 패자의 눈, 피지배자의 눈에서 본 조선실록을 서술했다는 머리말이 퍽 인상적이었다.

정통 사학자도 아닌 저자의 저서가 눈길을 끌게 된 것은 요즘 우리의 상고사를 연구하는 대학교수들의 단체인 동북아역사재단이 보여준 식민주의 사관에 불만이고, 또 재야사학자들과 더불어 아직은 야사로 치부하고 있는 환단고기(桓檀古記) 등을 꾸준히 강론하고 있는 모 케이블 방송의 종교방송이 그 전부는 아닐지라도 어떤 점에서는 나와 역사관이 비슷하다는 생각도 들었다. 요즘 국정교과서 사태로 국민들의 역사적 관심이 부쩍 높아지고 또 역사교육의 중요성은 두말할 필요도 없지만, 강단사학자들 대부분이 일제 강점기에 식민주의 사관을 물려받은 스승에게서 배운 후예들이라며 비판받고 있는 상황에서 과연 얼마나 제대로 된 역사교과서가 만들어질는지는 약간 의문이다.

한참동안 책을 살펴보다가 구입하려고 주머니를 뒤져보니 지갑도 심지어 명함 케이스에 넣고 다니는 신용카드조차 없이 덜렁 외투만 걸치고 나온 것을 알게 되었다. 조금은 머쓱해서 책을 다시 끼어 넣은 뒤 서점을 나섰다.

어느 샌가 사방은 어두컴컴하고 하늘에서는 밀가루 같은 하얀 눈이 바람결에 사방으로 흩어지고 있었다.

-2016.02.01. 리걸 인사이트 칼럼-

4. 엄마 생각

퇴근 후 엄마와 함께 아파트 상가에 있는 치과의원을 찾아갔다. 며칠 전에 내 집에 오신 엄마와 이야기를 하던 중 갑자기 앞니를 새로 끼고 싶다고 해서 곧 바로 가까운 치과의원을 찾아가서 본을 뜨고, 임시로 보철을 했다가 정식으로 포세린(porcelain)을 끼우러 간 것이다. 18년 전에 남편을 여의고 홀로 계시는 엄마는 고향집에서 둘째 형과 지내시다가 자식들이 보고 싶으면 아들이며 딸네 집을 찾아오신다.

예순 살 노인이 서른 살 자식에게 '길 건널 때에는 차 조심하라'고 당부한다는 대부분의 부모들처럼 우리 엄마도 자식들에게 그러셨다. 더욱이 막내아들을 백혈병으로 먼저 하늘나라로 보낸 뒤 평생을 가슴 속에 묻고 살아오신 엄마는 몇 년 전 내가 A지원에 근무하는 동안 가족과 떨어져 혼자 관사생활을 한다는 말을 듣고, 밥이라도 해주겠다며 먼 A시까지 오셔서 함께 지내기도 했다.

마흔일곱에 열여섯 막내자식을 가슴에 묻고 사신 엄마에게 내가 막내 아닌 막내아들로 자란 탓인지, 나는 예순이 다 된 지금까지도 '어머니'라는 말보다 '엄마'라고 말하는 정신적 유아(幼兒)상태에 머물러 있다. 그런데, 주말에도 엄마를 홀로 놔두고 자식들이 있는 집에 다녀오기도 그렇고, 또 처자식을 보겠다고 여든 노인을 차에 태우고 왔다 갔다 하는 것도 불편해서 줄 곳 관사에서 지내기도 했다. 물론 애 엄마가 몇 차례 차를 운전해서 아이들과 함께 관사로 찾아오기도 했다.

아무튼 4층 치과의원에서 치료를 마치고 엘리베이터를 타고 내려오는데, 엄마가 갑자기 상가 1층의 미장원 출입문을 밀고 들어갔다. 치과의원이 있는 건물의 1층 엘리베이터 입구 바로 옆은 강아지 몇 마리가 진열창 너머로 보이는 가축병원이지만, 그 옆의 미장원은 유리창을 어른 키 높이만큼 짙은 선팅을 해서 내부가 잘 드려다 보이지 않았다. 그래서 혹시라도 엄마가 젊은 여성의 상체며, 장미꽃, 빵 같은 그림으로 미장원 유리창 디자인을 빵집으로 잘못 알고 들어간 것이 아닌가 싶어서 얼른 뒤따라 들어가면서 "엄마~ 여기는 미장원인데?"라고 말했다. 하지만, 엄마는 그곳이 미장원인 것쯤은 이미 알고 있다는 듯이 내 말에는 대꾸도 하지 않고 안으로 성큼 들어서더니, 젊은 미용사에게 파마를 하려고 한다면서 파마요금을 물었다.

스무 살 안팎쯤 돼 보이는 미용사는 '3만원인데요?'하고 짧게 대답했다. 약간은 퉁명스런 목소리가 귀에 거슬렸지만, 엄마는 "순금이 어미와 B아파트 상가에서 파마할 때는 2만 5천원을 받던데, 왜 여기서는 더 받느냐?"고 되물었다. 엄마는 연구소가 있는 곳보다 살림집인 B아파트 쪽 물가가 훨씬 비싼 지역이지만, 파마요금을 더 받는 것이 이상했던 것 같다.

올해 여든 다섯인 엄마가 스스로 미장원을 찾아가서 파마를 하리라고는 꿈에도 생각해보지 않았던 나는 깜작 놀랐다. 하지만, 엄마가 파마를 하고 싶다는데 3만원이면 어떻고 4만원이면 어떠

랴 싫어서 미용사에게 파마를 해드리라고 말했다. 그리고 미용실을 한번 슬쩍 둘러보니, 미용사가 4명이나 되는 제법 넓은 미용실에는 의자마다 파마 틀을 뒤집어 쓴 여인네들이 앉아있고, 또 갓 쪽에는 머리를 말리는 헬멧 같은 기구를 뒤집어 쓴 부인들까지 10여 명이나 되었다. 남자라곤 나 혼자인 상황이 조금은 어색해서 엄마를 막 의자에 앉힌 젊은 미용사에게 '파마하는데, 얼마쯤 걸리느냐?'고 물으니, 그녀는 '1시간 반쯤 걸린다'고 대답했다. 낯선 상황에서 엄마의 파마가 끝날 때까지 1시간 반을 무료하게 기다릴 수 없어서 엄마에게 '파마가 끝날 때쯤 오겠다'고 말한 뒤, 일단 미장원을 나왔다.

한 시간 가량 노트북을 하다가 파마가 끝날 시간보다 10분쯤 일찍 미장원으로 갔다. 하지만, 엄마는 아직 가운을 걸친 채 의자에 앉아 있고, 머리 위에 말아놓은 기구도 그대로 있었다. 그렇다고 미용사에게 언제쯤 파마가 끝나느냐고 되묻는 것도 조금은 성급해보이고, 다시 미장원을 나서기도 어색해서 한쪽 구석의 나무의자에 걸터앉았다. 탁자에 널브러져 있는 주간지며 월간여성지 나부랭이를 뒤척이는 시늉을 했지만, 사실은 곁눈질로 엄마의 파마가 끝나기만을 기다렸다.

얼마 후 미용사는 엄마의 머리를 푼 뒤 다시 세면대로 가서 헹구더니, 다시 의자에 앉히고 염색까지 해주었다. 사실 미용사는 일상적으로 일하는 파마 시간을 어림하지 못한 것이 아니라 뜨내기손님이 파마하는 시간을 묻는데, '3시간 걸린다'고 대답하면 그냥 갈까봐 일부러 거짓말을 했는지 모르겠지만, 파마와 염색까지 마치고 나니 꼬박 3시간이 지났다. 잠시도 시간을 허투루 쓰지 않는 내가 미장원에서 몇 시간을 지루하게 보낸 것은 짜증나는 일이었지만, 엄마가 까맣게 염색된 머리와 파마한 모습이 맘에 드는지 연신 거울에 이리저리 비춰보며 만족해하는 것을 보고 미용사에게는 군소리도 하지 않았다. 파마요금 3만원과 염색비 1만원을 더한 4만원을 주고, 엄마와 함께 미장원을 나왔다.

"엄마가 새 각시 같은데?"

엄마의 손을 잡고 연구소 계단을 오르면서 애써 편치 않은 내 맘을 다스리려고 실없는 소리를 했지만, 엄마는 이런 내 말은 귓전으로 흘러들은 건지 아니면 앞니를 포세린으로 새로 끼워 맞춘데다가 파마와 염색까지 하니 기분이 좋은 것인지 연신 웃기만 했다. 나이든 엄마의 마음 쓰임을 생각해보면, 아름다워지려고 하는 것은 노소를 불문하고 여성의 본능이 아닌가 싶었다. 그러다가 문득 엄마에게 왜 내가 먼저 '염색도 하고, 파마도 하시라'고 권하지 못했을까 생각하니, 엄마 맘을 헤아리지 못한 무심한 자식이라는 자책감도 들었다. 예부터 부모에게 효도는 물질적인 봉양(奉養)뿐만이 아니라 부모의 뜻을 헤아려 그에 따르는 양지(諒知)와 입신양명(立身揚名)을 말한다는 사실을 알고 있으면서도 정작 내 자신은 그 어느 것 하나 해드리지 못하는 불효자식이 아닐 수 없다.

나로서는 처음이자 마지막인 엄마와의 미장원 해프닝 2년 뒤, 엄마는 당신 곁을 떠난 아버지를 따라가셨다. 그때가 2008년 5월이니, 벌써 만10년 전이다. 엄마의 기일을 맞아 엄마를 생각해보면서 이런 나도 이젠 고아가 된 것일까? 아니면 이젠 자식들의 효를 기다리는 노인이 된 것일까?

-계간 공무원문학 2015년 여름호(제31집)-

5. 영화구경

아이들이 학교에 다니며 살고 있는 서울 집에 격주로 다녀오다가 상경하지 못한지도 그럭저럭 반년이 지났다. 그러자 요즘은 아이들이 격주로 내려오고 있지만, 아직은 규칙적이지 않다. 사실 서울에서 살다가 직장을 따라 대전으로 내려왔을 뿐인데도 이젠 고향 아닌 고향이 된 대전에서 자주 상경하지 못하는 현실은 그만큼 내가 바빠졌다는 의미가 될 수도 있고, 다른 한편 그만큼 내 행동반경이 좁아지고 있다는 의미도 될 수 있다.

그런데, 주말인 엊저녁에 첫째가 집에 내려왔다. 첫째는 학교에서 곧장 서울역으로 가서 KTX를 탔다며, 책이며 소소한 것들을 담은 색을 메고 사무실로 들어섰다. 한창 멋을 부릴 명문사학의 대학원생인데도 그런 수수한 차림새가 보기는 좋았지만, 실제제 속마음은 알 수 없다. 부녀는 이미 퇴근시각에서 한 시간가량 늦은 때여서 간단히 외식을 하고 들어가기로 하고, 부근에 있는 음식점을 찾아갔다.

그렇게 금요일 밤을 보낸 뒤, 오늘 아침은 느지막이 조반을 했다. 늦잠 자는 아이들을 굳이 서둘러 깨울 필요가 없어서 절로 일어나기를 기다린 것이다. 조금은 느슨하게 오전 시간을 보내다가 누군가가 영화를 보자고 말했다. 평소 영화를 즐겨 해서 어쭙잖게 영화평론을 쓴다고 한 달에도 수차례씩 극장을 드나든 지

5~6년도 더 지났다. 아이들이 서울로 진학하기 전에는 한 달에 한 두 번씩 함께 극장을 다녀오곤 했지만, 이산가족으로 살기 시작한 지난 2~3년 동안은 함께 영화관을 간 횟수가 뜸해졌다. 물론, 내가 상경하거나 아이들이 집에 내려오는 짬을 이용해서 함께 영화구경을 하기도 했지만, 그때마다 볼만한 영화가 있는 것은 아니어서 어떤 때에는 연거푸 두 편을 본 적도 있지만, 거른 적이 더 많다. 게다가 아이들 모두 성년이긴 해도 부모와 자식이 함께 성인물을 볼 수 없다보니 영화를 선택하는 범위는 더욱 좁아지고 있다.

아무튼 상영 중인 영화를 인터넷으로 검색해보라고 하자, 첫째는 요즘 인기라고 하는 국산 영화 A를 추천했다. 하지만, 국산영화는 대체로 스토리는 없이 욕설만 난무하고, 또 주인공의 개인적인 인기에만 급급하는 것이 싫어서 외화로, 그리고 성인물이 아닌 것으로 고르도록 하다 보니, 결국 12세 이상 관람이 가능한 외화 B로 결정 되었다.

인터넷으로 입장권 예매를 마친 우리는 옷을 챙겨 입고 나섰다. 늦은 조반을 했기에 아직 점심은 생각이 없었지만, 영화를 보고 나올 시간을 고려해서 간단히 군것질을 하자며 아파트 길 건너에 있는 재래시장을 찾아갔다.

재래시장은 이따금 내 삶이 피곤하고 지칠 때마다 나이든 노인네들이 시장바닥 한쪽 구석에 보자기를 펼쳐놓고 초점 없이 오가는 행인들을 바라보는, 삶을 향한 그런 질긴 모습을 곁눈질하면서 내 기력을 회생시키는 삶의 원천으로 생각하고 있는 곳이기도 하다. 하지만, 아이들은 나와는 다른 목적인 군것질의 장소로 찾는다. 우리는 잠시 시장 안을 어슬렁거리다가 젊은 애들답지 않게 족발 집에 들어가서 자리를 잡았다. 첫째는 순대를, 아들 녀석은 순댓국을 주문했다. 막걸리나 소주와 인연이 있을 법한 순대나 족발은 평소 술자리를 그다지 좋아하지 않아서 맛볼 기회가 거의 없었지만, 그 음식 자체는 싫어하지 않기에 아이들이 주문한 순댓국과 순대 2인분을 먹는 동안 몇 점 집어먹었다.

상영시간에 맞춰서 재래시장을 나온 뒤영화관으로 갈 때에는 아들 녀석이 운전하는 차의 뒷자리에 앉았다. 첫째는 학원에서 운전을 배웠지만, 둘째는 필기시험은 혼자 공부해서 치른 뒤 코스며 시내 주행연습은 내가 직접 가르쳐서 운전면허증을 취득했다. 그 후 둘째가 운전하는 차는 여러 번 타고 다녔지만, 막내인 아들이 운전하는 차는 처음 타본다. 아들은 첫째의 차를 운전하고 학교에 다닌다며 운전에 자신이 있다고 했지만, 뒷좌석에서 지켜본 느낌은 아직 많이 미숙해 보였다. 무엇보다도 조급한 그의 성격이 좀 더 성숙되어야 할 것 같다는 생각이 들었다.

백화점 지하주차장에 차를 세운 뒤 엘리베이터를 타고 12층까지 올라가니, 주말이어서인지 영화관 매표창구에는 많은 사람들이 웅성거리고 있었다. 아들이 예매한 입장권을 좌석표로 바꾼 뒤, 우리는 극장에 갈 때마다 그러하듯 음료수와 팝콘을 하나씩 사들었다.

그렇게 들어간 영화관에서 정작 영화는 별다른 감흥이 없었다. 사실 주말에 킬링타임을 하려고 영화관을 찾은 것이니, 보고 즐기면 될 것에 너무 의미를 부여하고 또 논리적으로 전후를 따지는 것도 조금은 어리석은 짓이라는 생각도 들었다. 다만, 요즘 영화는 너무 말초적이고 시각적 효과에만 급급하는 인상이 짙었지만, 모처럼 아이들과 오붓하게 영화를 봤다는 점에 더 큰 의미를 두어서 영화관에서 보낸 시간이 아깝지는 않았다. 집으로 돌아오는 길에 다시 시장에 들러서 해물이며, 자질구레한 것들을 샀다.

첫째가 상경해서 제 동생과 함께 학교에서 익힌 음식솜씨를 발휘하겠다고 했기 때문이다. 초겨울의 주말 하루는 그렇게 빨리 지나갔다.

-계간 공무원문학 2016년 여름 호 제35집-

6. 동상이몽

지난 월요일 새벽에 나랑 KTX를 타고 내려왔던 둘째가 다시 서울로 올라갔다. 올 봄에 대학원생이 된 뒤에 처음 맞는 여름방학이었지만, LEET시험을 치른다고 여름 내내 피서는커녕 방안에 틀어박힌 채 공부만 하고 지낸 것이 마음에 걸려서 시험이 끝나자마자 개강 전까지 잠시 쉬라며 반 어거지로 끌고 오다시피 했는데, 사흘 만에 다시 상경하겠다는 것이다. 하긴 개강도 2~3일 밖에 남지 않아서 더 만류하지도 못했다.

그렇게 상경을 승낙하면서도 한 푼이라도 아낀다고 지루하게 무궁화를 타지 말고 KTX를 타고 가라고 신신당부했지만, 과연 그랬는지는 알 수 없다. 워낙 절약정신이 투철한 아이여서.

둘째가 서울로 올라가기 전날, A백화점에서 제 친구와 만나기로 했다며 나갔던 둘째가 퇴근 무렵에 전화를 걸어왔다. A백화점으로 나올 수 없겠느냐?고.

갑작스럽게 백화점에서 만나자는 말에 내심 '아마도 서울에서 새내기 대학원생활을 하면서 대전과는 다른 서울의 또래들의 모습을 보면서, 뭔가 색다른 옷이나 액세서리가 갖고 싶어서 그런가보다'라고 생각했다.

그러면서도 지난 몇 달 동안 무더운 날씨 속에서 책상에 틀어박혀 공부한다고 고생했으니, 가벼운 가을옷 한 벌쯤 사주어도 좋다는 생각을 하고 냉큼 승낙했다. 나름 그렇게 생각하며 A백화점으로 차를 몰았지만, 사실 지난 1년 동안 A백화점은커녕 대형할인점조차 한번 가보지 않았기에 백화점을 찾아가는 길이 조금은 어색하기도 했다.

백화점 지하주차장에 차를 주차하고 둘째와 만나기로 한 백화점 로비로 올라가니, 둘째는 제 친구와 함께 저녁식사를 했다며 둘이 서 있었다.

그런데, 둘째의 친구는 나를 보자 인사만 꾸뻑 한 뒤 집으로 가겠다고 백화점문을 나섰다. 조금은 어색한 풍경이었지만, 부녀만 남게 되자 둘째에게 물었다.

'뭔가 사고 싶은 것을 봐 둔게 있냐?'

차를 운전하며 A백화점까지 오는 동안 생각했던 가을옷에 대한 것 등 나름대로 상상의 날개를 펴가면서 의견을 물었지만, 둘째의 대답은 전혀 엉뚱했다.

'아빠한테 가죽지갑 하나를 선물하고 싶어서 미리 봐둔 것이 있으니, 지갑코너로 가자'고 하는 것이었다. 사실 20년 이상 갖고 다니는 가죽지갑이 많이 헐긴 했어도 아직 새 지갑을 사야겠다는 생각을 한 번도 해본 적이 없었는데, 갑작스럽게 둘째가 지갑을 선물하겠다는 말에 조금은 놀랐다.

'갑자기 웬 지갑이냐?' 하고 물으니, 둘째는 '아빠 생일이 다가오는데, 이제 서울 올라가면 생일을 같이 보낼 수 없으니 미리 선물을 하고 싶고, 또 개업을 했으니 돈을 많이 벌어라는 의미에서 지갑을 사주고 싶다'는 것이다. 생각지 않은 둘째의 마음 씀씀이에 지갑을 사지 않아도 마음이 흐뭇했다.

그러나 나 역시 둘째에게 뭔가 선물을 사주고 싶다는 생각을 하며 달려왔던 터라, 짐짓 '그러면 아빠도 네가 필요한 것을 선물할 테니, 네가 선물을 받으면 아빠도 지갑을 받겠다'고 대답했다. 둘째는 잠시 머뭇거리더니, '운동화 한 켤레를 사 달라'고 했다. 새내기 대학원생이니 가을옷 한 벌쯤 탐낼 법도 한데도 운동화를 사달라고 하니, 내 예상은 보기 좋게 빗나갔지만 아무튼 좋았다.

1년쯤 전에 백화점에 가서 아이들 셋에게 각각 운동화를 사준 적이 있었다. 그때에도 아이들의 개성이 서로 달라서 첫째는 N사 상표를 선호하고, 둘째는 K사 제품을, 막내인 아들 녀석은 A사 운동화가 좋다고 해서 각각의 코너를 찾아다녔던 기억이 있다. 그런데, 둘째는 다른 형제들과 달리 평소에 값비싼 운동화는 아낀다고 허름한 것들만 신고 다니더니, 이젠 번갈아 신고 다닐 새 운동화를 생각해낸 것으로 짐작되었다.

아무튼 그렇게 작심하고 운동화 코너로 올라갔지만, 공교롭게도 둘째가 좋아하는 운동화 상표는 입점하지 않았다고 했다. 둘째의 실망한 빛이 역력한 모습을 보고, 다른 백화점으로 가서라도 꼭 사주고 싶은 생각이 들었다. 그러나 이미 백화점이 문 닫을 시각이 가까워서 마음이 조급해졌다.

B백화점으로 가보자는 내 말에 둘째는 머뭇거리긴 했어도 거절하지는 않았다. 그래서 둘째를 차에 태우고 쏜살같이 B백화점으로 달려갔다. 지하주차장에 차를 세운 뒤, 엘리베이터까지 달려서 6층 스포츠 제품 코너까지 단숨에 올라갔다. 다행히도 그곳은 서서히 폐점을 준비하고 있었고, 둘째가 갖고 싶어 하는 메이커의 운동화도 있었다. 마음이 바빠져서 얼른 한 켤레를 고르도록 한 뒤 계산을 마쳤다. 포장된 운동화를 받아든 둘째가 좋아하

는 모습을 바라보면서 나도 마음이 흐뭇했다. 스포츠제품 판매점을 나서니, 주변의 가게들은 모두 철시준비를 하고 있었다.

백화점 지하주차장을 빠져나올 때 요금계산소에서는 주차시간이 23분밖에 되지 않아서 주차비를 받지 않는다고 했지만, 운동화를 사면서 받은 3시간짜리 주차증을 건네주고 주차장을 빠져나왔다.

그렇게 빠듯한 시간을 보내고 상경한 엊저녁부터 오늘 저녁까지 하루사이에 둘째와는 다섯 번도 더 통화를 했다. 아직 너무 어린애 같은 둘째가 외롭지 않으라고. 그런 둘째가 내 곁을 훌쩍 떠나간 지 벌써 1년이다. 항상 부모나 형제보다 더 좋은 사람을 만나서 사는 것이 결혼이라고 말해주곤 했었는데….

-공무원문학 2014년 가을 호(제29집)-

7. 가족 드라이브

이번 주말에는 많이 분주했다. 이것은 법원에 근무하던 때부터 개인용무나 약속은 주말을 이용하는 것을 습관처럼 해온 탓인데, 조반 전에 아파트 길 건너에 있는 A내과를 찾아갔다.

공무원일 때는 2년마다 정기건강검진을 받으면서 한 번도 이상이 없다가 팽개치듯 법원을 퇴직한 이후 화병 때문인지 고혈압으로 진단되어서 처음에는 검사결과를 믿지 못하고 몇 차례 검사를 다시 받기도 했다. 결국 현대문화병의 하나인 고혈압환자로 낙인이 찍힌 뒤, 매월 한차례씩 병원에서 혈압을 재보고 한 달 동안 복용할 처방전을 받아서 약국을 다녀오곤 한다. 그런데, 어제는 태어난 해와 같은 짝수 해에 발송하는 국민건강검진 통지를 겸해서 받았다.

사실 지난달에 병원을 찾아갔을 때 담당의사는 주말은 혼잡하니 주중에 검진을 받으라고 했지만, 좀처럼 시간을 내지 못하다가 이번 주말에는 두 가지를 함께 처리하게 된 것이다.

병원 문을 열기 전에 접수를 기다리면서 한편으로는 건강검진을 받고, 다른 한편으로는 혈압 상담을 받았다. 그동안 집과 사무실에서 PC작업을 할 때 이미 글자크기를 100%에서 125%로 확대하여 있는 실정이어서 시력이 많이 나빠졌을 것이라고 짐작은 했지만, 시력이 0.4~0.5로 뚝 떨어졌다. 그리고 위내시경 검사에서는 십이지장으로 넘어가는 부분이 마치 사춘기 소년의 얼굴처럼 뾰두라지가 많이 돋아난 위염이라고 했다. 몇 년 전에도 위내시경검사에서 용종이 2개나 발견되어서 절제술을 받았는데, 그 후 이렇게 건강이 나빠진 셈이다. 결국 혈압약 이외에 위염치료제까지 처방받아 왔다. 이러다보니 평소에는 병원과 약국을 거쳐도 1시간이 채 걸리지 않던 것이 2시간이 넘게 걸렸다.

집에 돌아온 뒤에도 위내시경검사를 받느라고 복용한 마취액과 내시경을 위장에 집어넣고 한바탕 휘저은 탓에 위장이 안정할 때까지 기다리느라 점심은 정오가 훨씬 지나서야 먹었다. 그러는 사이에 남매가 서울에서 내려왔다. 서울에서 학교에 다니면서 이따금씩 집에 내려오는 아이들이지만, 이번 주에는 아들의 생일이 있다. 아이들에게 건강검진 결과를 이야기 한 끝에 안경점에 가서 안경을 새로 맞추기로 했다.

안경은 평소에는 끼지 않고 글을 쓰거나 독서를 할 때를 위해서 2개를 장만해서 집과 사무실에 각각 두고 사용하고 있다.

우리 가족 넷은 첫째가 운전하는 세라토를 타고 사무실에 둔 안경을 가지러 가니, 주말 오후인데도 직원 두 명이 특근을 하고 있어서 고마웠다.

그리고 맨 처음 안경을 맞췄던 안경점을 찾아갔다. 검안사는 병원에서 검사한 시력은 원거리 시력이고 PC작업과 집필할 때의 근시 시력이라며, 어느 기준으로 렌즈를 맞춰줄까를 물었다. 결국 재차 몇 차례 정밀검사를 받은 끝에 근시 렌즈로 교체하기로 했다. 안경테는 아직 상태가 좋다며 그냥 사용하기로 했다. 그런데, 렌즈는 주문해서 다듬어야 하니 월요일 퇴근 무렵에나 완성될 것이라고 해서 미리 대금을 결제하고 나왔다.

집으로 돌아오는 길에 세라토에 주유를 하면서 아이들의 제안으로 저녁 외식을 하기로 하고 곧장 수통골로 갔다. 내가 상경하거나 아이들이 집에 올 때마다 외식을 하는 것이 거의 정해진 코스이기도 한데, 사실 나로서는 며칠 전에 가보았던 오리훈제집을 생각했지만 아이들은 저희가 안다는 음식점으로 차를 몰기에 잠자코 지켜보기만 했다.

음식점에서는 오리훈제와 후식으로 나오는 수제비로 포식을 했다. 밤에는 안경이 없어서 PC작업이며 독서가 전혀 불가능해서 시간을 그냥 넘기려다가 새벽 3시경부터 2시간 반 가량은 맨눈으로 더듬거리며 PC작업을 하다가 잠이 들었다. 장님이 참으로 불쌍하다는 생각을 몇 번이나 했다.

오늘 아침 늦은 조반을 먹고 예당저수지 상류에 있는 광시한우마을로 출발했다. 하짓날 태어난 아들의 생일기념으로 외식을 하려는 것이다. 어제는 첫째가 세라토를 운전하더니, 오늘은 아들이 스포티지를 운전했다. 나는 조수석에 타고, 넷이서 대전~당진간 고속도로를 달렸다. 사방은 신록이 짙게 우거져서 눈요기가 좋았다. 첫째는 광시한우마을은 3월 하순이후 3개월만이라고 했는데, 그 사이에 생고기 값은 10% 가량 올랐다.

돌아오는 길에는 생각지 않게 홍성 장곡면의 고운 최치원 선생 유적지를 찾아갔다. 이것은 광시로 갈 때와 달리 국도로 돌아오면서 고운 유적지 부근을 지나가면서 갑자기 생각난 것이다. 20여 년 전 홍성지원에 근무하던 때 한 향토역사가가 처음 발굴했다고 매스컴에 대대적으로 보도해서 찾아가본 뒤 처음이다. 그런데, 그때는 도로 입구에 안내판이 세워져 있었지만, 지금은 보이지 않기에 농로에 들어서면서도 혹시 그 사이에 공인받지 못해서 안내판을 철거한 것은 아닐까 하고 반신반의하며 들어갔다. 당시는 잡초가 우거진 비좁은 산길이었는데 지금은 콘크리트로 포장된 농로가 차량이 교행 할 정도로 넓혀지고, 주위도 많이 변해서 쉽게 찾지 못해서 헤맸다. 결국 지나가던 농부에게 물어보고서야 왔던 길을 되돌아갔지만, 유적지공원은 잡초만 우거져 못 보고 지나친 것이다. 고운 유적지 공원이라는 표지석에 세워지고, 몇몇의 유물들을 전시하고 있지만 전혀 관리가 되지 않는 듯해서 전시된 몇몇 흔적들만 사진을 찍은 뒤 청양 읍내를 지나면서 칠갑산 장곡사를 찾아갔다.

장곡사는 최근 몇 년 동안 가보지 못한 점도 있었지만, 모처럼 온가족이 나섰기에 외식만 하고 그냥 돌아온다는 것이 아쉬워서 뭐라도 더 보여주고 싶은 마음에서였다.

장곡사 입구는 몇 년 사이에 주차장이 여러 군데 만들어진 관광촌으로 변해서 승용차와 대형 관광버스가 많았다. 물론 이것은 장곡사 보다 칠갑산휴게소에서부터 칠갑산 산행을 하다가 장곡사로 내려오는 등산객들을 위한 것이다. 주차장 주변에는 이전보다 훨씬 많은 음식점들이 호황이었다. 장곡사 하대웅전 아래까지 차를 타고 가서 상하 대웅전을 돌아보며 사진을 찍고 내려오다가 장승공원에도 잠시 들렀다. 그리고 서공주나들목에서 대전~당진고속도로를 타고 대전으로 돌아오니 오후 5시다. 몸을 씻은 뒤 피곤해서 누워있는데, 아이들은 지치지도 않았는지 곧장 상경한다고 집을 나섰다.

8. 잃어버린 시간

약간 일찍 사무실을 나와서 시골집으로 향했다. 오늘이 엄마가 승천하신 날이기 때문이다. 사실 자식들까지 할머니의 추도식에 참석하는 것이 마땅하지만, 학교 강의를 빠질 수 없다는 핑계 아닌 핑계와 함께 서울에서 전주까지 오고가는 시간의 불편을 호소하기에 혼자 나선 것이다. 또, 예전에는 조손(祖孫) 3대가 함께 사는 것이 보통이어서 할아버지, 할머니를 제 부모보다 더 따르는 손자들이 흔했지만, 막내로 자란 나는 자식들과 내 부모가 함께 살았던 시간이 짧아서 조부모의 사랑을 실감하지 못한 핵가족시대의 부정적 영향이 아닐까 싶기도 하다.

혼자서나마 고향을 찾아가는 마음이지만, 예순이 다된 지금도 언제나 설레기만 한다. 그것은 콧물 흘리던 어린 시절에 뛰놀았던 고향집과 고향마을 곳곳에 동심의 추억이 배어 있기 때문일지도 모른다. 부모님이 생존하시던 동안에는 그래도 자주 찾았던 고향길이지만, 엄마마저 승천하신 뒤에는 아무래도 발길이 뜸해져서 지난 설 이후 넉 달 만이다. 지난해까지는 고향 쪽으로 출장이 제법 많아서 그때마다 성묘를 하곤 했는데, 올해는 출장도 뜸해졌다.

천안~논산간 도로와 기존의 호남고속도로가 합쳐지는 논산 기점부터 삼례 나들목까지 약20킬로미터 가량은 숫제 다시 도로를 만드는 것처럼 모두 파헤치고, 속도마저 80킬로미터 제한하고 있어서 낯선 곳을 달리는 기분이 들기도 했다.

한 시간이 채 걸리지 않아서 고향마을에 도착했다. 고속도로 나들목를 빠져나가면 금방 부모님과 조상님들이 오붓이 계신 선산이다. 길가에 차를 세우고, 조수석에 싣고 간 카네이션 꽃다발 2개와 작은 장미 꽃다발을 가슴에 안고 산을 올라갔다.

사실 그동안 부모님을 뵈러 갈 적마다 작은 고민은 일생을 독실하게 신앙생활을 하신 부모님 묘소에서 큰절을 하고 술 한 잔이라도 올려야 하지 않는가 하는 것에 대한 갈등이 컸다. 장례 때에도 자식들은 큰절을 올리는 대신 국화 한 송이씩만 놔드리고, 또 곡(哭)을 하기보다 찬송가를 부르던 것에 왠지 적잖은 거부반응이 생겼지만 어쩔 수 없었다. 이후에도 많은 가정에서 망인이 돌아가신 전날에 제사를 드리는 것과 달리 우리는 부모님이 떠나신 날에 추도식을 하는 것도 조금은 이상하게 생각되고 있다. 성묘를 가더라도 무덤에 큰절도 올리지 않고 아무런 음식도 드리지 않으니, 조금은 무성의한 것이 아닌가 하는 생각까지 들기도 했다.

아무튼 나는 성묘를 할 적마다 부모님 묘소 앞에 앉아서 생존해 계실 때처럼 그동안의 애기를 혼잣말처럼 들려드리거나 보잘 것 없는 책이나 출간물을 드리고 내려오다가 지난 가을부터는 아랑곳하지 않고 큰절을 시작했다. 물론, 이렇게 하는 것만이 부모님에 대한 효도라거나 예의라고는 생각하지 않지만, 그렇게라도 하지 않으면 못 견딜 것 같아서였다.

지난 설 때 찾아뵐 적에는 까닭도 없는 한없이 눈물이 흘러내려서 옆에 큰딸애가 있는 것도 아랑곳하지 않고 통곡하듯 한동안 울다가 내려왔었는데, 이번에는 눈물 한 방울도 나오지 않았다.

사람은 나이가 들면 눈물이 흔해진다고 하지만, 이제는 그런 눈물조차 메말라버린 것인지 모르겠지만. 그것마저 조금은 허전해서 술잔을 올리지는 못하더라도 꽃다발이라도 한 움큼 안겨드리려고 작정했다.

그런데, 무심코 무덤 뒤쪽에 누군가가 울타리처럼 빙 둘러서 철쭉을 심은 것이 눈에 띄었다. 아직 뿌리를 내리지는 않은 것으로 보아서 아마도 일주일쯤 전후에 심은 것 같았다.

부모님에게 다시 찾아오겠다고 말하고 묘소를 내려오다가 건너편 능선에 있는 동생의 무덤으로 갔다. 열아홉 어린나이에 백혈병으로 부모와 형제들 먼저 저 세상으로 간 동생이다. 형들은 그 동생에게 무덤을 만들어주고 작은 비석도 하나 세워주었지만, 부모님이 계시지 않은 지금 형제들 이외에 그 누가 찾아오는지는 물어보나마다. 조카들이나 내 자식들은 얼굴 한 번 보지 못한 제 삼촌을 어떻게 기억하고, 마음속에 담아두고 있을지는 너무 뻔하기 때문이다.

동생의 무덤 앞에 들고 간 장미 꽃다발을 놓고, 잠시 자리에 앉았다.

'동생아! 얼마나 심심했니? 머지않아 내가 네 곁에 눕게 되면, 둘이서 외롭지 않게 긴 얘기를 나누자꾸나.'

부모님 묘소에서는 흘리지 않던 눈물을 동생의 무덤 앞에서 흘리는 자신의 불효를 혼자서 탓하면서 산을 내려왔다. 벌써 해는 석양인데도 산을 올라갔다가 내려온 몸은 온통 땀으로 뒤범벅이었다. 이내 시골집을 찾아가서 땀으로 흠뻑 젖은 옷을 벗고 샤워를 했다. 샤워를 하고 난 뒤여서인지, 모처럼 맛보는 시골의 상큼한 공기가 더욱 새롭게 느껴졌다. 언제 이런 상큼하고 싱그러운 공기와, 여유를 느껴보았는지 모를 정도였다.

저녁식사를 하면서 그동안 얘기들을 주고받으면서 보름쯤 전에 가까이 살고 있는 아들, 딸, 사위들이 꽃이 만발한 철쭉을 부모님 묘소 주변에 심었다는 말을 들었다. 그 작업을 하면서 자식들은 어떤 얘기들을 알콩달콩 나눴을까? 와락 질투 아닌 질투가 생기기도 했다.

그런데, 저녁식사를 마친 뒤 밤 9시 TV저녁뉴스가 채 끝나기도 전에 잠자리에 드는 뒷모습들을 바라보면서 숨 가쁘게 움직이는 도시와 달리 시간이 너무 여유롭고 천천히 흘러간다는 사실이 아득한 옛날의 모습처럼 되살아났다. 어쩌면 회색 콘크리트 숲에서 사는 사람들이 시간의 노예가 되어 너무 정신없이 쫓기듯이 살아가는 것은 아닌지 모르겠지만. 하지만, 고향을 찾아오면 달려올 때와 달리 휑한 시골집 어디에서도 내 어렸을 적의 추억이나 부모님의 흔적을 찾을 수 없다는 사실이 한없이 외롭기만 하다. 이제는 삶의 터전이 된 회색 콘크리트 숲도, 어린 시절의 꿈을 키우던 고향을 찾아와도 선산에 누워계신 부모님과 동생에게서만 추억을 느끼게 된 자신이 가엾기만 하다는 생각을 지우지 못한다.

-한밭수필 2017년 제9집-

9. 외국손님

서울에서 주말을 보내면서도 마치 어느 조용한 산사에서 휴식을 하는 것처럼 여유로운 마음을 갖게 되는 것은 행운이라고 생각한다. 대도시인데도 자동차의 소음도 들리지 않고, 이른 새벽에 산사에서 은은하게 들려오는 범종(梵鐘)과 법고(法鼓) 소리가 공해에 찌든 마음을 정화시켜주는 느낌을 갖게 하기 때문이다. 짙푸른 숲 사이를 헤집고 들어오는 바람결에 마치 깊은 산골로 피서 온 것 같은 여유로움을 느끼면서, 얼마 전 우리나라를 다녀간 미국인 할머니 셔린 여사(Mrs. Charlene)가 귀국 후 내게 보낸 책을 열심히 읽었다.

Mrs. Charlene은 몇 년 전 첫째가 미 서부의 전통 있는 A대학에 교환학생으로 갔을 때 홈스테이를 했던 할머니인데, 첫째는 그녀로부터 어떤 고마움을 받았는지 그녀의 한국 초청을 적극 부탁했다. 결국 첫째의 부탁을 거절하지 못하고 비행기 티켓을 그녀에게 보내주었다. 8박 9일 일정으로 입국하던 날에도 아이들과 함께 인천공항까지 마중을 나갔다. 외국손님이 한국을 찾아오는데, 아이들에게만 공항으로 마중가게 하는 것이 예의가 아니라고 생각한 때문이다.

첫째와 둘째는 캘린더 뒷면에 매직으로 크게 쓴 환영피켓도 만들어서 들고 있다가 입국장을 나오는 Mrs. Charlene에게 달려가

포옹했고, 나도 그녀와 첫인사를 나눴다. 대부분의 서양 노인들이 그러하듯 약간 뚱뚱하지만, 큼지막한 눈망울에 미소를 띤 그녀의 첫 인상은 맘씨 좋은 미국인 할머니 그대로였다.

내가 운전하는 차를 타고 집에 돌아와서 하룻밤을 지내는 동안 Mrs. Charlene과 첫째는 밀린 회포를 나누었다.

그 이튿날 아이들과 함께 그녀를 경복궁과 국립중앙박물관을 안내한 뒤 사무실 업무 때문에 먼저 대전으로 내려왔다.

그녀도 아이들과 사흘을 묵으면서 북촌이며 첫째가 다니는 신촌의 E대학교 등을 구경하다가 대전으로 내려왔다. 나는 공주 갑사며 부여 궁남지를 찾아다니며 서툰 영어로나마 성의껏 안내했다. 또, 절친한 A한의원장에게 귀국하는 날까지 사나흘 동안 매일 침시술과 뜸 치료를 받도록 했다. 그녀는 생전 처음 접해보는 오리엔탈 클리닉에 원더풀을 연발했고, 흥이 나서 A원장과 원장실에서 블루스를 추기도 했다.

또, 상경한 뒤 출국 전날에는 A방송국의 생방송에 잠시 출연하여 첫째의 통역으로 한국을 찾은 계기며 소감 등을 잠시 인터뷰하기도 했었다. 물론 나는 미국에 있는 그의 가족들이 Mrs. Charlene의 동정을 알 수 있도록 사진과 함께 영문으로 기행문을 작성해서 내 홈피에 올리기도 했다.

아무튼 뉴욕의 Wings Books사에서 펴낸 「American Indian」은 지금까지 단편적으로만 알고 있던 아메리카 인디언들의 역사와 내용을 새롭게 이해할 수 있었다. Mrs. Charlene은 한국에서 머무는 동안 자신의 조상이 아메리카 인디언이었다는 사실을 스스로 밝히더니, 아마도 보다 자세히 알라는 취지에서 선물한 것 같았다. 사실 그녀가 자신을 인디언과 백인 사이의 혼혈인이라고 떳떳하게 밝히는 모습에서 혼혈 같은 것을 감추러드는 우리와 다른 서구인의 개방된 인식을 다시 보기도 했다. 특히 그녀에게 경복궁과 국립중앙박물관을 안내하던 중 내가 펴냈던 [청풍명월 감상]에서 오늘날 '미국의 아메리카 개척사라고 하는 것은 사실 대륙에서 평화롭게 살던 원주민 인디언들이 백인들에게 죽고 쫓기면서 점점 서부로 몰려 로키산맥으로 숨어든 '아메리카 인디언의 패망사'이며, 이제는 주객이 전도되어 백인 점령자들에 의해서 인디언들이 보호받는 신세가 되었음을 설명 해주자 그녀는 그 말에 적극 공감하기도 했었다.

Mrs. Charlene이 보내준 책은 유럽인이 신대륙을 점령하기 전에 아메리카 대륙에서 평화롭게 살던 인디언의 역사를 200개의 단어를 단답식으로 풀이하는 형식의 책이었는데, 문장도 비교적 쉬워서 읽기도 그리 큰 부담이 없어서 다른 어떤 책보다 더 열심히 읽었다.

1492년 신대륙에 도착한 콜럼버스는 그곳을 인도의 일부로 알고 원주민을 인디오(Indio)라고 불렀지만, 아메리카 인디언은 사실 약1만 년 전에 아시아인들이 베링 해를 건너 알라스카와 지금의 캐나다 지방으로 가서 북미와 남미에 널리 퍼졌다. 유럽인들이 처음 신대륙에 도착하던 15세기 말 아메리카 전 지역에는 약1,300만 명 정도 살았을 것으로 추정하고 있으며, 이들은 실제의 인도인과 구별해서 아메린디언(Amerindian) 또는 아메린드(Amerind)라고 한다. 또, 북아메리카의 원주민을 인디언이라 하고, 라틴 아메리카 원주민을 에스파냐어로 인디오라 하여 구별하기도 한다고 했다. 그러나 16세기 이후 유럽인의 신대륙 발견이후 급격한 개발과 원주민 살상으로 인디언들의 인구감소와 문화가 파괴되었으며, 더러는 백인들과 혼성문화가 형성되어 수많은 부족이 흩어져 살게 되었다. 현재 미국 전역에는 인디언이 약 50만 명 정도이며, 그 절반은 정부에서 지정한 거류지 안에서 산다고 했다. 그리고 앨라배마 주며 애리조나 주를 비롯한 곳곳의 지명도 인디언들의 거주지 이름에서 기원했으며, 애리조나와 뉴햄프셔 주의 구분도 인디언들의 부족에 따라서 구분된 것이라는 사실도 새롭게 알게 되었다.

이렇게 첫째와 인연이 된 외국인 한명을 초청하여 인연을 맺으면서 작은 민간외교관이 되기도 했지만, 새로운 지식을 더 자세히 알게 된 것도 행운이라고 생각한다. 사무실의 내 책상 위에는 그녀가 보내준 코코넛 껍질에 인디언들이 전통문양을 새긴 수공예품을 필기구를 담아두는 필통으로 사용하고 있다.

10. 나쁜 사마리아인들

세계적인 수재들만 다닐 수 있다는 영국 옥스퍼드나 캠브리지 대학을 졸업 후 모교에서 정교수로 재직하는 한국인이 있다는 사실은 매우 자랑스러운 일이다. 서울대 경제학과를 졸업한 뒤 영국 케임브리지 대학에서 석사와 박사학위를 받고, 1990년부터 케임브리지대학 경제학교수로 재직 중인 장하준 교수가 그중 한 사람이다. 그는 2003년 신고전학파 경제학에 대한 대안을 제시한 경제학자에게 주는 뮈르달 상을, 2005년에 경제학의 지평을 넓힌 경제학자에게 주는 레온티에프 상을 최연소로 수상함으로써 세계적인 경제학자로서의 명성을 얻었다.

주요저서로는 '사다리 걷어차기(Kicking away the Ladder, 2002, Anthem Press)', '개혁의 덫', '쾌도난마 한국 경제', '그들이 말하지 않는 23가지', '국가의 역할(Globalization, Economic Development, and the Role of the State)', '장하준, 한국경제 길을 말하다(2007)', '장하준의 경제학 강의(2014)' 등이 있다. 특히 사다리 걷어차기가 선진국들의 성장 신화 속에 숨겨진 은밀한 역사를 다룬 책이고, '쾌도난마 한국경제', '국가의 역할' 등이 경제학과 경제현실에 대한 전문적 저서였다면, 나쁜 사마리아인들(Bad Samaritans: The Myth of Free Trade and the Secret History of Capitalism)은 일반인들을 위하여 집필한 책이다. 그의 저서들이 우리 경제를 바라보는 것도 우물 안 개구리식 분석이 아니라 세계적인 명문대학의 교수로서 학생들을 가르치면서 세계의 움직임을 분석하고 평가하는 높은 안목에 의한 분석이라는 점에서 읽기 전부터 신뢰감이 있었다.

책의 제목 '나쁜 사마리아인들'은 성경에 예수가 강도를 당해서 길가에 쓰러진 사람을 평소 멸시받던 한 사마리아 여인이 상처에 기름과 포도주를 붓고 나귀에 태워서 여관에 데리고 가서 보살펴 준 것을 빗대서 곤경에 처한 이를 악용하는 현재의 자유무역을 주장하는 선진국 또는 부유한 나라들을 '나쁜 사마리아인들'이라고 말한 것이다.

그의 저서는 서론과 9장의 평론과 결론으로 구성되었는데, 그는 무수한 사례와 역사적 실증들을 예시하면서 이해하기 쉽게 설명하고 있다. 결론적으로 선진국들이 주장하는 '세계화'와 '개방'만을 강조하는 신자유주의적 조류에 대한 반박논리를 제공한다.

먼저, 서론에서 세계화의 신화와 진실, 부자나라의 부 생성과정을 살펴보며, '역사적 사실'이라고 생각했지만 실제로는 잘못되었거나 부분적인 진실에 불과한 것들을 소개한다. 그는 자신의 6살 난 아들을 예를 들면서 아이 스스로 생활비를 벌 충분한 능력이 있다고 여기고 일을 시킨다면 아이는 약삭빠른 구두닦이 소년이 될 수 있고, 또 돈을 잘 버는 행상이 될 수도 있겠지만, 결코 뇌수술 전문의나 핵물리학자가 될 수 없을 것이라고 단언하면서 이와 마찬가지로 개발도상국 역시 너무 일찍부터 국제적인 경쟁에 노출되면 살아남지 못한다고 말한다. 또, 오늘날의 부자나라들이 과거에 취했던 보호무역주의는 과소평가되고, 현재 개발도상국들에게 신자유주의 경제 체제에 편입되지 않았기 때문에 경제발전에서 뒤쳐졌다고 말하는 것을 괴변이라며 비판한다.

장 교수는 부자 나라들은 자신들의 막강한 영향력을 이용하여 자기들이 원하는 세계경제의 규칙을 만들고 있다고 비판하면서, IMF, 세계은행(IBRD), WTO를 '사악한 3총사'라고 규정했다. 이들 국제기구에서 돈을 빌리는 나라들은 경제적으로 실패했기 때문에 마땅히 자신들의 조언과 충고를 받아들여야 한다고 강요하면서 채권자는 채무의 변제와 관련성이 있는 것으로만 간섭이 제한되어야 하지만, 이들은 채무국가의 모든 정책에까지 일일이 간섭하면서 자기들에게 이익이 되는 정책들을 제시한다고 비판했다. 그 사례는 1997년 말 외환위기를 맞은 우리가 시시콜콜한 사항까지 IMF의 간섭을 받았던 것을 기억하면 잘 이해 될 것이다. 또, 이 기구들의 의사결정은 1달러에 1표 의결권을 행사하게 되어서 결국 부자나라들이 전체의 60% 이상의 지분을 갖고 있어서 본인들의 입맛대로 의사결정을 하게 된다. 그는 이들 선진국들을 '나쁜 사마리아인'에 비유하면서, 이들의 '사다리 걷어차기' 정책은 지난 15년간 자유무역협정이 급격하게 늘어났으나 이 기간 동안 개발도상국의 형편은 조금도 나아지지 않았음을 멕시코의 사례를 예시하면서 비판한다.

한마디로 그의 저서는 IMF 외환위기 20여년이 지나도록 침체의 늪에서 헤어나지 못하는 오늘을 사는 우리에게 좋은 교양 경제서적이라고 생각하지만, 2008년 국방부는 이 책을 불온서적 23권 중 하나로 지정했다.

그러자 2008년 3명의 법무관들이 개인의 독서의 권리에 대한 침해라며 헌법재판소에 헌법소원을 제기하였으나 강제전역을 당했고, 이들이 제기한 헌법소원은 2010년 10월 28일 합헌판결을 내렸다. 그렇지만, 이 책에 대한 뜨거운 관심은 오히려 매출을 10배 이상 증가시켜서 아이러니칼하게도 네티즌들이 붙여준 별명은 '국방부 선정 추천도서'였다.

-계간 공무원문학 2016년 겨울호(제36집)-

※ 2018년 3월 22일 대법원전원합의체는 강제 전역된 전 법무관 지 모씨가 국방부장관을 상대로 제기한 전역처분 취소소송에서 원고 패소 판결했던 원심을 파기하고 사건을 서울고법으로 환송했다.

11. 정의란 무엇인가?

미국 하버드대학 마이클 샌델(Michael J. Sendel)교수의 저서 '정의란 무엇인가?(JUSTICE : What's the right thing to do?)'가 큰 인기이다. 1953년 미네소타에서 태어나 브랜다이스대학을 수석으로 졸업하고, 옥스퍼드대에서 박사학위를 받고, 27세에 최연소로 하버드의 교수로 임용된 샌델 교수는 29세 때 자유주의 이론의 대가인 존 롤스(John Rawls : 1921~2002)의 정의론을 비판하는 '자유주의와 정의의 한계(Liberalism & the Limits of Justice, 1982)'로 세계적인 명성을 얻었다. 그는 이 책에서 '공동체주의자'라는 용어를 처음 사용하여 알레스데어 매킨타이어(Alasdair MacIntyre), 마이클 월저(Michael Wilser), 찰스 테일러(Charles Margrave Taylor)교수 등과 함께 공동체주의의 4대 이론가 중 한 명이자 존 롤스 이후 정의 분야의 세계적 학자로 평가받게 되었다. 그는 2008년 미국정치학회가 수여하는 최고 교수로 선정되었으며, 그의 다른 주요 저서로 '민주주의의 불만'(1996), '공공철학'(2005), '완벽함에 대한 반론'(2007) 등이 있다.

1980년부터 30년간 하버드대에서 가르치고 있는 그의 정치철학 강좌는 7,000명도 안 되는 학부생 중 무려 1,000명의 학생들이 수강하는 하버드대 최고의 명강의로 손꼽힌다. 그는 아리스토텔레스와 제러미 벤담, 존 스튜어트 밀, 임마누엘 칸트, 존 롤스 같은 철학자들의 고전적인 이론을 바탕으로 도덕 · 정의 · 자유 · 평등을 논하고 있다.

얼핏 딱딱하게 보이는데도 센세이션을 일으킨 그의 강의는 시대적 요구와 맞아떨어진 점도 있지만, 무엇보다도 일방적인 수업이나 지식 암기식 강의가 아니라 실생활에서 누구나 경험할 수 있는 상황을 바탕으로 질문들을 학생들에게 던지고 끊임없이 상호작용하는 소위 소크라테스식 문답법으로 진행하여 인기를 얻고 있다.

샌덜 교수의 '정의란 무엇인가?'는 2011년 1월부터 EBS-TV에서 월~수요일 밤 11시에 방영하여 선풍적인 관심을 불러일으켰었다. 하버드대에서의 강의내용을 녹화하여 보여주는 방송에서 딱딱한 이론을 학생들에게 설명할 때 학생들의 의견을 묻고, 대립하는 의견들에 대하여 명쾌하게 결론을 내리는 독특한 방식을 취하는 것을 엿볼 수 있었는데, 탁월한 그의 이론 전개도 놀랍지만 바지에 한 손을 넣고 한 손으로는 끊임없이 가리키며 학생들에게 질문하고 대답하는 강의술은 우리 대학에서도 도입될 수 없는지 한없는 의문점을 갖게 해주기도 했다.

모두 12강으로 이뤄진 저서에서 그는 까다로운 도덕적 딜레마들을 제시하며, 어떤 선택이 정당한지를 끊임없이 질문한다. 가령, (1)브레이크가 고장 난 전차를 인부 1명이 일하는 선로와 5명이 일하는 선로 중 어디로 몰고 가야 할까? 또, (2) 조난을 당해서 오랫동안 굶주린 선원들이 제일 약한 소년을 잡아먹었다면, 그 행위는 도덕적으로 용납될 수 있을까? (3) 사람의 목숨에 값을 매기는 건 가능하고 정당한 일일까? (4) 안전띠나 오토바이 헬멧 착용을 법으로 강제하는 건 잘못일까? (5) 국방, 치안, 사법제도 이외의 목적을 위해서 세금을 거두고 사용하는 건 잘못일까? 또 (6) 사회문제로 민감한 이슈인 동성애, 정자 기증, 난자 기증, 상업적 대리출산은 아기를 사고파는 것과 비슷할까? 등 가정 내에 숨어 있는 도덕적 윤리적 딜레마를 제시하고, 어떤 선택이 정당한지 끊임없이 질문과 토론을 하며 흑과 백 이분법이 아닌 정의를 찾아가는 민주주의적인 수업방식이다. (7) 선의의 거짓말도 거짓말이기 때문에 잘못된 것일까? (8) 미국의 많은 대학이 실시하고 있는 소수집단 우대제도는 정당할까? (9) 선천적 장애가 있는 골프 선수는 카트를 타고 경기에 임할 수 있을까? (10) 지금 우리 사회의 가장 민감하고 시급히 결정해야 할 다음의 문제를 제시 한다면 당신의 생각은 어떤 것인가? (11) 자유사회의 시민은 타인에게 어떤 의무를 지는가? (12) 정부는 부자에게 세금을 부과해 가난한 사람을 도와야 하는가, 자유시장은 공정한가? (13) 진실을 말하는 것이 잘못인 때도 있는가?, (14) 도덕적으로 살인을 해야 하는 때도 있는가? 등 우리가 시민으로 살면서 부딪히는 어려운 질문들을 설득력 있게 풀어간다.

그러나 샌델 교수의 질문에는 모범정답이 없다. 쉴 새 없이 계속되는 질문 속에서 학생들의 대립된 의견을 끄집어내면서 상호 주장을 반박하는 과정에서 탁월한 강의술이 돋보인다. 결론적으로 센델 교수는 '정의=공리주의'라고 정의하고, 정의를 판단하는 3가지 기준으로 최대다수의 최대행복이라는 관점, 자유주의 관점, 그리고 미덕의 관점을 제시하고 있다. 즉, 정의가 사회구성원의 행복에 도움을 줄 수 있는지, 혹은 사회구성원 각각의 자유로움을 보장할 수 있는지, 아니면 사회에 좋은 영향으로 끼쳐야 하는지 여부로 정의로움을 결정할 수 있다고 한다. 그는 정의에 대한 자기의 생각을 내놓고 다른 사람들과 서로 다른 가치관을 토론하며 합의점을 찾아내는 흥미로운 수업방식은 곧 대화를 통한 민주주의 방식과 공통된다.

사실 샌델 교수의 강의 내용만으로 보아서는 이미 보편화된 법철학 강의내용을 반복하는 것에 불과하지만, 우리 사회에서 모두에게 필수적 개념인 정의와 자유, 도덕, 평등이 급격한 경제개발을 거치는 과정에서 잊히거나 무시된 우리에게 자성의 기회를 부여하는 계기가 되었다고 믿는다.

-2016. 7. 17. 리걸 인사이트 칼럼-

12. 장태산휴양림에서

19호 태풍 솔릭이 지나간 주말에 장태산휴양림에서 하루를 보냈다. 대전 시내에서 16킬로미터 떨어진 장태산휴양림은 개인조림가 임창봉씨가 평생 동안 가꾼 메타세콰이어(Meta-sequoia) 13만 4천 그루가 울창한 숲이다. 그러나 25만 여 평의 휴양림은 경영에 어려움을 겪다가 경매에 붙여진 것을 2003년 대전시가 낙찰 받아 2년가량 리모델링한 뒤 2006년 봄부터 시민들에게 무료 제공하고 있다. 휴양림에는 통나무 방갈로며 수영장, 다목적 체력단련장, 특히 울창한 메타세콰이어 숲에 높이 27미터의 데크로드가 유명하다. 하늘길이라고도 하는 100미터 가량의 숲속의 공중 도로는 196미터 높이의 스카이웨이라는 회전전망대가 정점인데, 회전전망대로 빙빙 돌아서 올라가는 길만도 100미터가 넘어서 데크로드와 스카이웨이는 어른 아이 할 것 없이 모두가 좋아하는 산책코스이기도 하다.

북아메리카가 원산지라고 하는 이국적인 메타세콰이어 숲은 대전시가 뽑은 대전 관광명소 12곳 중 하나이자, 전국 관광 100선 중 하나로 연거푸 두 번이나 꼽히기도 했다. 더구나 올여름에는 대통령이 여름휴가 중에 부인과 함께 찾아왔다고 보도되어 더욱 많은 사람들의 관심대상이 되었다.

휴양림은 시내에서 호남고속도로 서대전나들목 방향으로 가다가 가수원 네거리에서 좌회전하여 약12킬로미터 들어간 심산유곡에 있는데, 외지에서는 호남고속도로 서대전나들목에서 대전 시내 방면으로 4킬로미터쯤 들어오다가 가수원 네거리에서 우회전하면 된다. 나는 도심의 소음을 피하고 또 메타세콰이어가 품어내는 피톤치드를 마시러 일 년에도 서너 차례 이상 찾아가곤 한다. 가족들과 함께 찾아가기도 하고, 어떤 때는 타지에서 놀러온 친구와 함께 혹은 공사 모임장소로도 그곳을 추천하기도 할 정도로 휴양림 마니아이지만, 집에서 휴양림까지 너무 멀어서 더 자주 가보지 못하는 것이 아쉽다.

사실 휴양림에서는 입구를 지나 계곡에서 흘러내리는 하천을 건너면 보이는 숲 그늘의 나무 평상이나 벤치에 드러누워서 잠을 청하는 것이 전부다. 그런데, 오늘은 휴양림은 길 건너 산기슭에 주차장 확장공사를 한다고 파헤치는 공사로 중장비들의 소음이 너무 시끄러워서 관리소를 지나 왼편 방갈로가 있는 골짜기에 있는 숲 그늘을 골랐다. 하지만, 그곳조차 덤프트럭 등이 연신 드나들어 상당히 시끄러웠다. 게다가 휴양림 입구 양쪽에 대형 · 소형 주차장이 마련되어 있고, 또 관리소와 직선 도로 주변에도 주차장이 있는데도 휴양림 곳곳에까지 개인차량들이 들어와서 주차하는 것은 아마도 공사차량이 수시로 드나들자 개인차량들도 마구 들어와서 주차하는 것 같았다. 시민들의 양식도 문제이지만, 시당국에서도 전혀 차량통제를 하지 않는 것 같아서 언짢게 생각되었다.

며칠 전 대통령이 찾아왔을 때에도 이렇게 무질서하고 소음으로 시끄러웠을까?

제법 일찍 집을 나섰다고 생각했지만, 이미 많은 사람들이 삼삼오오로 자리를 잡고 눕거나 앉아서 도란도란 얘기를 나누기도 하고 또, 산책로를 따라 사람들이 쉴 새 없이 올라가고 또 내려오곤 했다. 아무튼 평상에 누우니 저절로 잠이 스르르 찾아왔다. 한 여름철만큼 메타세콰이어의 싱그러운 향내는 없었지만, 몸과 마음이 정화되는 느낌이 들었다. 시골에서 태어나고 자랐지만, 도시에서 직장생활을 하면서 언제 어디서 이렇게 시골의 정취를 느낄 수 있을까?

점심때가 되었지만 끼니도 거른 채 게으름 피우듯 그냥 누워서 넘겼다. 전에는 관리소 옆의 작은 가게에서 간단한 식사를 하거나 먹을 것을 살 수 있었지만 웬일인지 없어졌고, 또 휴양림 밖으로 나가면 음식점도 많이 있지만 걸어서 밖으로 나갔다가 돌아온다는 것이 귀찮았다. 무엇보다도 그렇게 자리를 비웠을 경우에 내가 누웠던 평상을 다른 사람에게 빼앗길 것 같다는 염려도 컸다. 정오가 지나자 첫째가 '지금 어디에 있느냐?'는 문자를 보내오기도 했지만, 스마트폰으로 찍은 사진 몇 장을 보낸 것으로 대신하고 거북이처럼 느긋하게 지내다가 오후 5시 반이 지날 무렵 자리에서 일어났다. 이보다 이른 시각에 나설 경우에는 시내로 나가는 좁은 도로가 정체되기 때문에 가족들이랑 찾아갈 적에는 아예 이보다 더 늦은 시각에 일어서곤 했었다. 아쉽긴 했어도 참 잘 왔다는 생각과 함께 가슴속에 피톤치드 향으로 가득 채워진 만족감을 느꼈다.

-2018. 08.26. 리걸 인사이트 칼럼-

13. 코스모스 예찬

지난 주말에 멀리 합천 해인사와 창녕 우포늪까지 다녀왔다. 낮과 밤의 시간이 똑같다고 하는 추분을 지나자 하루가 다르게 낮이 짧아지고, 기온이 떨어지는 요즘 아직은 가을의 정취를 느껴보기엔 미흡하지만 나날이 높아지는 가을하늘을 보기 위한 나들이였다.

대전에서 대전~통영간 고속도로를 2시간쯤 달리면 천년고찰 해인사가 있다. 봄이면 진달래꽃이, 가을에는 아름다운 단풍들이 계곡을 붉게 물들인다는 홍류동 계곡의 홍류문(紅流門)을 지나면 해인사로 들어가는 길목이다.

그런데, 해인사는 문화재 관람명목이라곤 해도 입장료와 주차비를 받는 이외에 성보박물관 입장료까지 추가로 받는 처사는 아무래도 부처님의 자비와는 거리가 먼 느낌이었다. 또, 매표소에서 일주문으로 올라가는 약간 가파른 비탈길에 음식이며 토산물을 파는 가게들의 산만하고 지저분한 모습도 법보사찰의 근엄함보다는 마치 어느 유원지나 관광지에 온 것 같아서 천년고찰의 위엄을 실추시키는 것 같았다. 고승대덕들의 부도와 사리탑이 있는 부도군 이른바 비림(碑林)의 맨 위의 널찍한 공터에 큼지막한 원형 구조물인 1993년 입적한 성철스님의 사리탑은 더욱 그랬다. 천년고찰 해인사의 고승대덕 중 성철 스님이 가장 위대하다는 것인지는 잘 모르겠지만, 평생을 넝마 같은 가사 2벌로 살았던 성철 스님에게 그 넓은 면적이며 조형물의 크기 등은 진정 성철 스님이 원하는 것은 아니었을 것이다.

또, 일주문에서 봉황문(해인총림)을 거쳐 해탈문까지 가는 길 양편에는 어디에서 착상한 것인지 몰라도, 울긋불긋한 헝겊에 경구를 적은 깃발들이 바람에 나부끼는 모습은 마치 중국 삼류영화에서 나오는 소림사의 모습 그것과 흡사해보였다. 본전인 대적광전 앞에는 대장경판을 머리에 인 신도들이 벌레나 좀이 설지 말라는 거풍(擧風) 장소로 쓰였을 법하게 이리저리 미로처럼 만들어둔 공간도 그다지 좋아 보이지 않았는데, 8만대장경판을 보러가는 가파른 계단을 올라가도 문화재를 보호한다며 일반인의 출입을 제한하는 횡포(?)에는 더욱 실망하여 해인사를 내려왔다. 해인사라고 하면 사부대중에게는 대적광전이나 부도 탑보다 팔만대장경을 눈으로나마 보고 싶어서 첩첩산중을 달려서 찾아오는 것이 아니었을까?

일주문으로 가는 길 왼편 계곡 쪽에 지은 지 몇 년 되지 않은 것 같은 한옥은 다래헌이라는 간판이 붙은 찻집인데, 그 앞에 가냘픈 코스모스들이 바람결에 하늘거리는 모습이 눈에 띄었다. 시골에서 자란 나는 화려한 장미보다는 코스모스나 들국화 같은 수수한 들꽃을 좋아한다. 특히 가을이면 들판이며 논둑에 지천인 형형색색의 들국화와 코스모스가 그랬다. 누가 돌보지 않아도 여름 내내 싱싱하게 자라서 이른 가을이면 예쁜 꽃망울을 터뜨리던 들국화도 언제부턴가 들판에서 사라지고, 논둑은 제초제로 뭉그러뜨려지면서 보기 힘들게 되었지만, 사치스럽지도 않고 시원시원하고 가냘픈 여인네 같은 코스모스는 들판에서 보다는 길가를 꾸미는 들꽃으로 자리를 잡은 것 같다.

멕시코가 원산지로서 1910년대 외국 선교사들에 의해서 우리나라에 처음 심어지기 시작했다는 코스모스의 순우리말은 "살살이 꽃"이다. 그것은 바람이 불 때마다 살랑거리는 코스모스를 표현하는데 적격이었을 것 같다.

향기가 진하지도 않고 그렇다고 아름답지도 않은 평범한 꽃이어서 촌놈인 내가 더 좋아하는 것인지도 모르겠지만, cosmos란 어원은 그리스어 kosmos에서 유래한 말로써 '정연한 질서로서의 세계'를 나타낸다고 한다. 코스모스의 꽃말은 "소녀의 순정"이다. 정돈, 장식, 질서를 의미하는 코스모스는 여성이 복장이나 화장에 몰두하는 상태나 군대나 사회의 규율 · 질서를 표현하기 위해 사용되었다가 점점 자연계의 질서가 잡힌 모습을 나타내는 의미로 사용되어서 이제는 세계의 질서 또는 질서가 관철된 세계를 의미하는 말로 바뀌었다고 하며, 코스모스와 대응하는 단어가 세계가 질서를 찾기 이전의 혼돈상태를 나타내는 카오스(chaos)이다. 이름 있는 꽃들은 대개 그럴듯한 전설이 있게 마련인데도, 그리스시대부터 있었다는 코스모스에는 그런 꽃말이 없는 것은 그 무렵에도 그다지 인기 있는 꽃은 아니었던 것 같다.

사람들은 신이 가장 먼저 만든 꽃이 코스모스라고도 하지만, 이것은 가냘프고 어쩐지 흡족하지 못한 꽃 모양을 보고 지어낸 말 같다. 또, 신이 여러 가지 꽃을 만들다가 가장 나중에 만든 것이 국화라 하는 것도 국화의 다양성, 화려함을 나타내는 것이겠지만, 만일 그렇다면 코스모스야말로 모든 꽃의 시조가 아닐까 싶다. 소련에서 인공위성을 쏘아 올리면서 가장 많은 이름이 붙어진 것이 바로 이 코스모스 위성으로 거의 200호가 넘는다고 하니, 혹시라도 러시아인들이 세계질서를 한 차원 높게 통일해보려는 심사가 아니었는가 싶다. 다만, 천년고찰 해인사에서 느껴보지 못한 포근함을 버려진 듯한 길가에 활짝 핀 코스모스를 보고 위안을 받은 것도 부처님의 자비심에서 였을까?

-2014.10. 3. 리걸 인사이트 칼럼-

14. 지리산 단풍구경

어제 멀리 경남 함양을 거쳐 산청까지 1박2일 지리산 단풍구경을 다녀왔다. 목적은 지리산 남쪽 끝자락인 경남 산청 대원사 계곡의 단풍과 비구니 스님들이 아기자기하게 꾸민 절을 구경하기 위한 것이었다. 대전에서 산청 대원사를 가려면 대전~통영간 고속도로에서 단성나들목으로 나가는 것이 가장 빠르지만, 지곡나들목으로 빠져서 함양에 들렀다.

함양은 조선시대 '좌안동 우함양'(左安東 右咸陽)이라고 할 만큼 선비와 누정(樓亭)이 많기로 유명한 고을인데, 함양군청 앞에는 통일신라시대 고운 최치원이 함양군수로 재임할 때 지었다고 하는 경회루만큼 거대한 2층 누각 학사루(學士樓)가 있다.

지곡나들목에서 지척인 지곡면 개평마을에는 선초 사림파 선비였던 일두 정여창 고택, 풍천노씨 종가와 하동정씨 종가가 있고, 이곳에서 약3~4㎞ 떨어진 수동면 원평리에는 일두 선생을 기리는 남계서원과 스승 김종직의 조의제문을 사초에 실었다가 사화의 발단이 되었던 김일손을 모시는 청계서원이 있다.

한 마을에 풍천노씨 대종가, 하동정씨 종가, 초계정씨 종가 등 3개 대성의 종가가 있을 만큼 양반 촌인 개평(介平) 마을의 지명은 마을이 두 개울이 하나로 합쳐지는 지점에 위치해서 '낄 개(介)' '넓은 들(平)'이 유래라고 하고, 정여창의 호 '일두(一蠹)'라는 약간 까다로운 한자는 미미한 종벌레 두(蠹)처럼 자신을 보잘 것이 없는 존재로 표현한 것이라고 하니, 이곳이 얼마나 한학이 높은 지식인들의 집성촌인지 알만하다. 또, 이 곳에서 지척인 남계서원과 청계서원은 나란히 붙어 있어서 시간상으로도 매우 절약되는 유적지 답사코스가 된다.

세조 5년 문과에 급제한 경남 밀양출신인 김종직(金宗直 : 1431~1492)은 형조판서, 지중추부사 등을 역임했는데, 그는 정치적 경륜이나 실력도 없이 조선의 개국공신이라는 이유만으로 대를 이어 벼슬하는 훈구파들이 불만이었다. 김종직의 제자 정여창, 김일손 등은 사림파를 형성하여 이들과 사사건건 대립하게 되었는데, 성종 때 사관 김일손(金馹孫 : 1464~1498)이 스승 김종직의 조의제문(弔義帝文)을 사초에 싣자 훈구파들로부터 수양대군의 계유정란을 빗대어 비난한 것이라는 비판을 받고 연산군 4년(1498) 무오사화 때 유배되었다. 이때 과거에 급제하여 연산군의 사부가 되었던 함양 출신 정여창(鄭汝昌 : 1450~1504)도 화를 당했으며, 김종직은 이미 죽었으나 연산군 10년(1504) 갑자사화 때 부관참시 되었다.

사실 개평마을과 두 서원은 지난연말에 다녀온데 이어서 7월에도 다녀왔는데, 이번까지 1년 사이에 세 차례 찾아가는 셈이다. 매번 느끼는 감정은 똑같지만, 굳이 다른 점을 찾는다면 겨울, 여름, 가을이라는 계절에 찾아가서 보고 느끼는 감정의 차이라고나 할까?

개평마을에 도착할 때는 이미 정오가 지났지만, 마을을 돌아본 뒤 점심을 하려고 작정했다. 불과 석 달 만에 다시 찾은 개평마을은 골목마다 파헤치거나 일부 매립한 것이 많아서 적잖게 불편했는데, 마을 주민들에게 물어보니 지붕위로 어지럽게 얽힌 전깃줄, 전화선을 땅속으로 묻는 공사를 한다고 했다. 일 년 내내 전국 각지에서 수많은 관광객들이 찾는 마을에 그러한 조치는 매우 잘한 일이라고 생각되었다.

아무튼 1시간 반 이상 마을을 둘러본 뒤 개울 건너 지곡면사무소 부근을 헤맸지만, 변변한 음식점을 찾지 못해서 수동면에 있는 남계서원과 청계서원 등 두 곳의 서원까지 돌아본 뒤 산청으로 이동했다. 두 서원 역시 마을과 멀리 떨어진 곳에 있어서 음식점은 더더욱 찾기가 불가능했다.

9월 하순부터 설악산에서 시작한 단풍이 한 달 사이에 계룡산까지 남하하고, 아직 지리산과 경남까지는 미치지 못했을 것으로 예상은 했지만, 개평마을이나 남계서원 일대 그리고 대원사 일대의 지리산 계곡은 20~30%도 물들지 않아서 적잖게 섭섭하고 아쉬웠다.

함양에서 지리산 중턱을 넘어 산청으로 가서 점심을 먹을 때에는 이미 3시 무렵이었다. 산길을 내려가다가 늦은 점심을 아주 맛있게 해치운 뒤, 남명 조식(南冥 曺植 : 1501~1572) 선생의 덕천서원과 산천재, 남명기념관을 돌아보았다. 평생을 백의거사로 살다가 죽은 남명은 실천하는 지식인의 귀감처럼 주기론에 입각한 성리학을 가르쳐서 임진왜란 때 의병장 정인홍, 곽재우 등 수많은 제자들을 양성했다. 그는 낙동강 건너의 이황(退溪 李滉 : 1501~1570)과 동년에 태어나서 70년을 살았지만, 사상의 기반이

달라 두 학자는 평생 대면한 적이 없다고 한다. 남명은 역대 임금들의 수차에 걸친 벼슬 제수를 거절하고 특히 명종이 그를 단성현감으로 임명하자 거절한 단성소(丹城疏)가 유명한데, 광해군 때 영의정이 되었다가 인조반정으로 처형된 제자 정인홍으로 하여금 명성이 조선에 널리 퍼지기도 했다.

그런데, 남명이 말년 10년 동안 제자들을 가르치던 산천재는 퇴락해서 보호의 손길이 아쉬운데도 길 건너 남명 탄신 500주년을 기념하여 산청군이 신축한 남명기념관은 지나치게 화려한 것이 아쉽다.

노루꽁지만한 가을해는 서산너머 사라지고 캄캄한 밤길에 지리산 빨치산 토벌전시관이 있는 산청군 시천면 중산리로 향했다. 비록 천왕봉까지는 답사하지 못하더라도 지리산 중턱에서 가을산을 만끽하려는 속셈으로 해발 900고지인 지리산 중턱에 있는 관광지구의 한 여관을 미리 예약해두었기 때문이다. 그곳에서 잠을 잔 오늘 아침, 조반 전에 빨치산토벌전시관을 한 바퀴 둘러보았다. 이곳 시천면(矢川)은 '계곡물이 화살처럼 빨리 흘러내리는' 급류지역이서 붙여진 지명이라고 하니, 여름철이면 얼마나 상쾌한 계곡물이 소리를 내며 흘러내릴 것인지 짐작하기 어렵지 않다.

조반 후에는 대원사로 향했다. 지리산 천왕봉 등산길 초입인 대원사 계곡은 봄이면 아름다운 봄꽃으로, 여름철에는 풍부한 계곡물로, 가을철이면 아름다운 오색단풍으로 사시사철 관광객이 그치지 않는 명소이지만, 오래 전부터 길고 구불구불한 계곡은 세상을 피해서 숨어든 사람들이 정착한 정착촌이기도 했다. 일찍이 동학혁명에서 패한 동학교도들이 이곳에 숨어들어 화전을 이루었고, 6.25. 전쟁 때에는 인천상륙작전으로 퇴로가 막힌 빨치산들이 이곳으로 숨어들어 오랫동안 동족상잔의 토벌전으로 피를 흘린 전적지이기도 하다. 더불어 비구니들의 도량인 대원사는 아기자기한 절집이 매우 인상적이어서 아련한 마음으로 찾아갔지만, 두 곳 모두 내 욕심을 충족해주지 못했다.

몇 년 전보다 크고 작은 절집들이 더 늘어난 대원사 경내에 조금은 실망하면서 지리산 등반의 출발점인 대원사를 지나 유평마을까지 둘러보았다. 주차장에서부터 대원사에 이르는 계곡의 싱싱하게 노랗고 붉게 물들어가는 단풍에 한 가닥 위안을 삼았다.

짧은 가을해가 서산너머로 사라질 무렵 차를 돌려 집으로 향했다. 전날은 늦은 점심으로 저녁을 거르고, 오늘은 조반만 먹은 채 점심을 거른 채 집에 돌아와서 늦은 저녁식사를 하다 보니, 여행에서 빼놓을 수 없는 숨은 맛집을 즐기지 못한 아쉬움이 컸다. 또, 길을 나서면 고속도로의 정체, 관광지에서의 크고 작은 불편한 점들이 많지만, 그래도 단조로운 일상에서 잠시나마 일탈해본다는 즐거움은 숨길 수 없었다.

-2016.10.30. 리걸 인사이트 칼럼-

15. 로텐부르크

독일 남부 바이에른 지방은 주도(州都) 뮌헨을 비롯하여 중세의 도시들이 아름다운 알프스 산자락에 자리 잡고 있어서 독일에서도 유명한 관광지역이다. 독일에서는 전국의 주요도로를 7개 권역으로 나누고, 프랑크푸르트 남동쪽 약 100㎞ 떨어진 뷔르츠부르크(Würzburg)에서 퓌센(Füssen)까지 '알프스를 넘어서 로마로 통하는 약 350㎞의 도로'를 '로맨틱 가도(Romantic Straβe)'라고 한다. 또, 프랑크푸르트에서 베를린까지 약 600km의 도로는 독일이 자랑하는 세계적인 대문호 괴테가 작가, 변호사, 과학자 심지어 10여 년 동안 바이마르 공국의 재상을 역임하는 등 괴테의 흔적이 남아 있어서 로맨틱 가도와 함께 가장 인기 있는 '괴테 가도(Goethe Straβe)'라 하고, 하이델베르크에서 바덴바덴을 거쳐 스튜트가르트, 칼프, 투빙겐, 콘스탄츠까지 약 400㎞에 이르는 도로 양편의 울창한 숲은 푸르다 못해 검게 보여서 '검은 숲'이라고 할 정도로 아름다운 독일의 자연을 구경할 수 있는 '판타스틱 가도(Fantastic Straβe)'이고, 남쪽 보덴 호수에서 서쪽 베르히테스가덴까지 약 500㎞의 알프스 산악지대는 여름에는 등산과 패러글라이딩, 겨울철에는 스키와 스케이트로 유명한 '알펜 가도(Alpen Straβe)'가 있다.

한편, 독일 최대의 항구도시인 함부르크에서 한자동맹으로 유명한 루벡과 소금도시로 유명한 루네부르크까지 약 300㎞는 '북부 독일의 로맨틱 가도'라고 할 정도로 아름다운 '에리카 가도(Erika Straβe)', 그림(Brüder Grimm : 1785~1859)형제가 자랐던 하나우에서부터 학교에 다니던 카셀, 그리고 '잠자는 숲속의 공주', '장화 신은 고양이' 등 형제들의 아름다운 동화의 배경이 되었던 메르헨, 함부르크 부근의 작은 도시 브레멘까지의 '메르헨 가도(Marchen Straβe)', 그리고 네카 강과 라인 강이 합류하는 프랑크푸르트 남쪽 만하임에서부터 하이델베르크를 거쳐 독일을 가로질러 바트빔펜, 뉘른베르크까지 약 320㎞의 '고성가도(Burgen Straβe)'에는 중세 고성의 붉은 빛깔의 성곽 50여 개가 즐비하다.

로맨틱 가도는 낭만적인 가도가 아니라 알프스를 넘어서 로마로 이어지는 도로여서 붙여진 이름으로서, 고성가도와 로맨틱 가도가 교차하는 지점에 동화처럼 아름다운 도시 로텐부르크(Rotenburg)가 있다. 사실 로텐부르크라는 단어는 '알프스를 넘어 로마로 가는 길'이라는 뜻이어서 독일에는 로텐부르크라는 지명이 바이에른 주에도 있고 작센 주에도 있다. 그중 로맨틱 가도에 있는 바이에른 주의 로텐부르크의 정식 명칭은 '로텐부르크 오프 데어 타우버(Rothenburg ob der Tauber)'인데, 이 말은 '타우버 강가의 붉은 성'이라는 뜻이다.

로맨틱 가도에는 아름다운 중세도시가 많지만, 로텐부르크는 '로맨틱 가도 중의 보석'이라고 불릴 정도로 아름답다. 로맨틱 가도의 맨 끄트머리인 독일의 남부 도시 퓌센은 미국 디즈니랜드의 브랜드인 아름다운 성의 원형인 노이 슈반슈타인 성이 있는 휴양도시로서 오스트리아와 접경지대이다.

로텐부르크는 마을 전체도 아름답지만 언덕 위에 있는 로텐부르크의 고성과 그 안의 중세시대의 아기자기한 건물들이 중심이다. 성으로 들어가는 입장료는 없다. 첨탑이 우뚝 솟은 성문에 들어서면 성문 위에는 성주 가문의 문양이 걸려있는 것은 어느 성에서나 공통된 형식이고, 약간 가파른 비탈길은 유럽 어느 도시에서건 익히 본 석주로 도로를 포장했다.

성문에서부터 로텐부르크의 중심인 스보르노스티 광장(Mark Platz)에 이르는 양쪽 가게들은 가게에서 판매하는 물건들을 모양의 철제 조형물로 만들어서 돌출 간판처럼 내건 것이 매우 고풍스럽다. 가게 앞을 장식하는 조형물은 중세에 문맹자들에게 글씨로 가게를 알리는 것보다 물건의 형상을 만들어서 내건 것이 유래라고 한다. 사실 이렇게 가게 앞을 간판이 아닌 조형물로 만들어서 내건 곳은 유럽 대부분의 중세도시 골목에서 쉽게 볼 수 있다. 광장은 언덕위에 있어서 평평하지 않고 약간 경사지인데, 시청사(Rathaus)를 비롯하여 예수의 12제자 중 하나인 성 야곱을 기리는 성 야곱 교회(St. Jakob), 크고 작은 호텔, 레스토랑, 기념품 가게들이 있다.

로텐부르크는 교통의 중심지에 위치한 이점으로 상업이 발달하여 1274년 바이에른 왕으로부터 '황제의 자유도시' 지위를 얻었다. 신 · 구교도간의 30년 종교전쟁이 벌어졌을 때, 자유도시로서 신교를 믿었던 로텐부르크는 틸리(Tilly)장군이 이끄는 가톨릭 동맹군에 함락되었다. 그때, 도시를 점령한 틸리 장군은 술을 전혀 마시지 못하는 누쉬 시장에게 호기를 부리며 2.8리터짜리 와인을 단숨에 마신다면 도시를 살려주겠다고 하자, 시장은 도시를 살리려는 염원에서 와인 한 병을 모두 마심으로서 도시를 구했다는 일화가 있다. 그런 연유로 지금도 매시 정각이 되면 성의 스보르노스티 광장의 시계탑의 시계 양쪽의 작은 문이 열리면서 도시를 구한 누쉬 시장과 틸리 장군의 인형이 나와서 두 사람이 와인을 마시는 장면을 보여준다. 왼편이 틸리 장군이고 오른편이 누쉬 시장인데, 두 사람이 와인을 마시는 모습을 '마이스터 트룽크(Maister Drunken)이라고 한다. 틸리 장군과 누쉬 시장의 일화는 성신 강림절마다 연극으로 공연되고 있을 정도이다.

1250년대에 지어진 고딕 양식의 시청사는 로텐부르크의 중심이다. 엘리베이터가 없던 당시 5층까지 올라가는 계단을 만든 돌출 부분이 교회의 첨탑처럼 인상적인데, 내부에는 '황제의 방'이라고 불리는 홀이 있다. 그리고 청사 위로 솟은 60m의 탑 꼭대기까지 200개 좁은 계단을 걸어서 전망대에 올라가면 그림 같은 구시가지(Altstadt)가 한눈에 들어온다. 시청사 건너편에는 190년 동안 지었다고 하는 성 야곱 교회가 있다.

로텐부르크에서 꼭 가봐야 할 곳 중의 하나는 유럽에서 하나뿐인 범죄박물관이다. 일찍부터 자유도시가 되었던 로텐부르크에는 중세 이후 유럽 전역의 범죄와 형벌에 관련된 자료들을 전시해 놓았는데, 4층인 박물관 건물은 지하층부터 온몸의 뼈를 부러뜨리는 절단도구, 고문도구를 비롯하여 고막을 터트리는 도구와 각종 도끼, 칼 등을 전시하고 있다.

그러나 로텐부르크가 세계적으로 유명한 것은 크리스마스 시즌이 되면 광장에는 매년 전 세계의 많은 관광객들이 몰리는 크리스마스 마켓이 열리고, 도시 전체가 은은하고 화려한 크리스마스 장식으로 중세도시의 분위기를 풍긴다. 특히 마르크트 광장에서 남쪽으로 약 50m쯤 떨어진 인형완구 박물관(Puppen und Spiezeug Museum)은 로텐부르크에서 가장 인기 있는 관광명소이자 세계의 인형과 완구시장을 좌우할 정도로 영향이 있다고 한다. 아름다운 인형과 완구 가게에서 화려한 조명과 커다란 크리스마스트리, 형형색색의 크리스마스 장식들은 이곳을 찾는 모든 사람들이게 어린 시절로 돌아가게 하는 동심을 불러일으키게 한다. 인형완구박물관에는 우리 주변에서도 흔하게 볼 수 있는 깃털달린 모자에 붉은 제복을 입고 어깨에 총을 멘 호두까지 인형은 세계 곳곳에서 인기 있는 완구인데, 로텐부르크에서 창작된 발명품이라고 한다.

이렇게 오로지 크리스마스 관련 장식품 한가지만으로 일 년 내내 넓은 백화점을 유지한다는 것이 놀랍기만 한데, 백화점에서는 진열되어 있는 형형색색의 수많은 장난감들을 다른 업체에게 정보를 주지 않도록 한다며 일체의 사진 촬영을 금지하고 있다. 우리도 이곳에서 대부분을 인형완구백화점에서 여러 가지 인형과 완구들을 구경하는데 많은 시간을 보냈다. 독일에 로텐부르크가 있다고 하면, 체코에는 체스키크롬로프라고 하는 중세마을이 어린이들에게 동화나라를 체험하게 해주는 소중한 마을임을 알려주고 싶다.

-2017. 6.30. 디트 뉴스 24 여행칼럼-

16. 아크로폴리스에서

지난달 말부터 이달 초까지 터키에서 이레 낮과 밤을, 그리스에서 만 이틀을 돌아다닌 8박 9일 여행을 하고 돌아왔다. 물론, 그리스를 여행하는 동안 내내 서양문명의 원류인 그리스 신화에 대한 얄팍한 지식을 되살리면서 현실과 접목을 시도해보기도 했지만, 대체적인 소감은 앞으로 기회가 된다면 그리스보다는 터키만 따로 여행하고 싶다는 느낌이 컸다.

그리스에서 가장 걸출한 것은 BC 5세기경 아크로폴리스(Acropolis)에 세운 파르테논 신전(Parthenon)이다. 아테네 시내에 평평한 메주처럼 도드라진 아크로폴리스는 신석기시대의 주거지가 발굴되는 등 미케네 시대(BC 1400~1200)의 성벽 유적이 남아 있어서 그때부터 그리스인들이 신을 섬겼을 것이라고 추정하고 있다. 아고라(Agora)가 아테네의 민주정치를 상징하는 공간이었다고 한다면, 아테네 시내를 내려다보이는 아크로폴리스 언덕의 파르테논 신전은 그리스 민족의 우월과 영원무궁을 기원하는 성스러움의 상징이었다.

아크로폴리스 정문을 지나 가파른 계단을 올라가면 니케 신전(Nike)이 있다. 니케란 그리스어로 "승리"를 의미하는데, 그리스 신화에서 지혜의 여신 아테나가 승리를 상징한다. 기원전 5세기에 이오니아식으로 지은 니케 신전은 18세기 그리스를 점령한 터키인들이 요새를 짓는다고 석재를 뜯어갔지만, 지금 대대적인 복구공사를 하고 있다. 니케 신전은 우리에게 스포츠화 나이키(NIKE)로 더 유명한 이름이다.

정상에는 파르테논 신전이 있고, 그 남쪽에 엘렉테이온 신전(Erechtheion)이 있다. 엘렉테이온 신전은 젊은 여성 다섯이 신전을 떠받치고 있는 모습으로 조각되어 있다. 이것은 제우스가 페르시아와의 전쟁을 앞두고 여사제들에게 누가 승리할 것인가를 묻자, 사제들은 페르시아의 승리를 예언했으나 아테네가 승리하자 제우스는 신탁이 틀린 여사제들에 대한 벌로 모두 물 항아리를 머리에 얹고 있는 모습으로 조각해서 기둥을 삼았다고 한다.

아고라폴리스의 정상에 있는 파르테논 신전은 아테네의 수호신인 아테네 여신을 모시는 신전으로서 세계에서 가장 균형 잡힌 건축물이자 도리아 양식의 건축물 중 최고로 손꼽힌다. 이 신전은 BC 420~393년 3차에 걸친 페르시아와의 전쟁에서 승리한 페리클레스가 설계하고, 조각가 피아디아스가 16년에 걸려 완성했는데, 로마제국 시대에는 교회로, 그 후 이슬람이 그리스반도를 점령한 이후에는 이슬람 사원으로 사용되는 불운을 겪었다. 그리고 오스만터키의 화약고로 이용되던 중 1687년 베네치아와의 전쟁 때 포격으로 파괴되었다. UNESCO 세계문화유산 제1호로 지정되어 복원공사가 한창이다.

그리스신화는 문학작품인 호메로스의 일리아스(Ilias), 오디세이아(Odysseia : BC 9~8세기)와 호메로스와 동 시대에 살았던 헤시오도스의 신통기(Theogony)와 일과 나날(Works and Days)을 통해서 알게 되는데, 오디세이아는 트로이 전쟁을 둘러싼 사건들과 올림포스 산에 있는 신들의 세계에서 벌어지는 일에 초점을 맞추고 있다. 또, 헤시오도스는 2편의 시에서 천지창조 이전의 혼돈과 세계가 생겨나는 우주창조의 과정, 신들의 계보, 인간 시대의 계승, 인간이 겪는 고통의 기원, 제물을 바치는 풍습과 기원에 대한 이야기가 들어 있는데, 여기에서 불멸의 존재인 제우스의 존재와 제우스가 여신과 아름다운 여인들과 연애 이야기도 언급되어 있다.

헤시오도스에 의하면 카오스(공간)와 가이아(땅), 타르타로스(심연) 및 에로스(사랑)라는 네 신의 존재에서 세계가 만들어졌고, 그 후 우라노스(하늘)의 아들 크로노스가 그의 몸을 자르자 우라노스는 가이아에게서 분리되었다. 크로노스와 크로노스의 누이이자 아내인 레아 사이에서 태어난 제우스는 사후세계(冥界 : 타르타로스)에 유폐되어 있던 키클롭스와 헤카톤 · 케이르를 해방시켜 자기편으로 만든 후, 패권을 탈취하여 자신은 하늘을, 포세이돈은 바다를, 그리고 하데스는 지하세계를 각각 나눠서 지배하였다.

사실 그리스신화에 나오는 신들의 숫자는 너무 많고 복잡해서 일일이 기억하기 힘들지만, 대표적인 12신은 ① 제우스를 비롯해서 그 아내 ② 헤라, 제우스의 형제인 ③ 포세이돈, 누이인 ④ 헤스티아(불씨의 신이자 부뚜막의 신, 로마에서는 베스타신), ⑤ 데메테르, 그리고 자녀인 ⑥ 아테네, ⑦ 아폴론, ⑧ 아르테미스, ⑨ 아레스, ⑩ 헤파이스토스, ⑪ 헤르메스, 그리고 ⑫ 아프로디테 등이다. 그런데, 로마가 세계를 통일한 이후 로마인들은 그리스인들이 창조한 신들을 모두 자기들의 입맛에 맞게 이름을 고쳐서 더 더욱 복잡하다.

그러나 소문난 바람둥이인 제우스는 많은 여신과 아름다운 여성들과 사랑을 하며 많은 자식을 낳았다. 누나이자 정식 아내인 헤라와의 사이에서는 아레스 · 에일레이티아 · 헤베 · 헤파이스토스 등을 낳고, 다른 여신인 메티스에게서 아테네를, 테미스에게서 호라이들과 모이라를, 에우리노메에게서 카리스를, 데메테르에게서 페르세포네, 레토에게서 아폴론과 아르테미스, 디오네에게서 아프로디테 등을 낳았다. 또, 인간과의 사이에서도 세멜레에게서 디오니소스(Dionysos)를 낳고, 칼리스토에게서 아르카스(Arcas), 에우로파에게서 미노스(Minos) · 아르고스(Argos)를, 다나에에게서 페르세우스(Perseus), 네메시에게서 헬레네(Helene) · 다르다노스(Dardanos) · 알크메네에게서 헤라클레스(Heracles) · 헤르메스(Hermes) 등을 낳았다.

파르테논 신전에 모신 아테네 여신은 올림포스의 주신 제우스와 메티스 사이에서 태어난 딸로서 페르시아전쟁을 거치면서 지중해 국가로 민주정치와 평화시대를 이룩한 그리스시대에 건축한 파르테논 신전을 바라보면서 우리도 미래의 꿈을 키울 수 있는 신전을 하나 만들었으면 좋겠다는 생각이 든다. 법학에서 말하는 법물신론(法物神論)을 추종하는 것은 아니지만, 법의 정의도 확립되도록.

-2014. 7.29. 리걸 인사이트 칼럼-

동상이몽

제2부

—

또 하나의 자아실현

1. 삐에로처럼

내가 생각해도 참으로 버겁게 보낸 하루였다. 개업 후 출장을 갈 때에는 언제나 출근시각 무렵에 현지에 도착해서 일을 마치고 돌아오는 것을 모토로 해서 서울이나 부산, 목포, 광주 등지로 갈 때에도 출근시각을 역산하여 이른 새벽에 출발하곤 한다. 그것은 사무실에서의 공백을 최대한 줄이려고 일찍 나서서 근무시각이 되면 서류를 제출하고 오려는 것이다. 그런데, 오늘은 길이 너무 복잡해서 승용차를 운전하고 가는 대신 KTX를 타고 서울역까지 갔다가 서울역에서 다시 지하철을 갈아타고 A지방법원 B지원을 다녀오기로 했다.

5시 50분쯤 일어나서 세수를 한 뒤 주섬주섬 옷을 챙겨 입고 조심스럽게 현관문을 나서는데, 문 여는 소리에 깼는지 둘째가 제 방에서 나오면서 역까지 바래다주겠다고 했다. 엊저녁에도 역까지 바래다주겠다고 했지만 거절했는데, 아침 일찍 일어나서 재차 말하는 것을 뿌리치지 못하고 못이긴 채 그러라고 했다. 둘째는 먼저 엘리베이터를 타고 내려갔다. 내가 뒤따라 내려가니 둘째는 벌써 지하주차장에서 스포티지를 끌고 나와 아파트 라인 앞에서 기다리고 있었다.

어두컴컴한 새벽, 거리는 휑해서 운전하기에 좋았다. 그런데,

대전역에서 둘째와 헤어진 뒤 예매한 기차표를 꺼내면서 주머니를 만져보니, 그때서야 휴대폰을 놔두고 나온 것을 알았다. 하지만, 당장 기차를 탈 상황인데다가 둘째는 아직 집에 도착하지 않을 시간이었다. 그렇다고 이른 새벽에 다른 사람의 전화를 빌려서 집에 휴대폰을 놔두고 왔다는 것을 전해주기도 곤란해서 일단 서울역까지는 다른 생각 없이 느긋하게 가려고 잠에 들었다.

오전 7시 50분, 한시간만에 서울역에 도착했다. 역사 밖으로 나오니 거리는 벌써 직장인들이 출근하느라 시장바닥처럼 혼란스러웠다. 에스컬레이터를 타고 지하철 서울역사로 내려간 뒤 4호선을 찾았다. 그리고 동대문역에서 하차한 뒤, 2호선으로 갈아탔다. 2호선 잠실역에서 다시 내린 뒤 또다시 8호선으로 갈아타고 남한산성 입구까지 갔다.

9시 2분 전 B지원에 도착했다. 1착으로 등기신청서를 제출하고 밖으로 나온 뒤 사무실과 가족에게 전화를 걸려고 했지만, 지갑에는 만 원짜리뿐이었다. 가게에서 무엇을 사면서 잔돈을 바꿔야 할 상황이어서 사방을 두리번거리며 가게를 찾던 중 바로 옆에 예전에 서울고등법원에서 함께 근무한 적이 있는 A법무사의 사무소 간판이 눈에 띄었다. 부근에 가게가 눈에 띄지 않아서 잔돈을 바꿔야겠다는 생각 대신 A법무사 사무소에 들어가서 전화 한 통화를 부탁하기로 작정했다.

이제 9시가 막 지난 시각이어서인지 조금은 미안한 생각이 들기도 했지만, 셔터가 절반쯤 올려진 사무실 문을 밀치고 안으로 들어가니, 여직원 혼자 자리에 앉아있었다. 여직원에게 법무사를 찾으니, 법무사는 10시쯤 출근한다고 했다. 명함을 건네주면서 법원에 근무할 때 알던 사이라며, 내 사무실로 전화 한 통을 걸어주면 좋겠다고 부탁했다. 그렇게 전화를 빌어서 전화를 걸었지만, 사무실은 출근시각이 지났는데도 전화를 받지 않았다. 내가 없다고 직원들은 아직 출근하지 않은 것 같았다.

문제는 그때부터였다. 휴대폰이 생긴 이후 집 전화번호는 물론 가족들의 휴대전화번호도 휴대폰에 저장된 것을 불러내곤 했을 뿐, 단 하나도 기억하지 못하고 있기 때문에 어느 누구에게 전화를 걸 수 없다는 현실에 부딪히게 된 것이다. 잠시 후 다시 사무실로 다시 걸면서 간신히 첫째의 휴대전화번호를 알아냈다.

그리고 첫째와 통화를 하면서 집에 내려올 시간을 상의했다. 내가 지하철을 두 번 갈아타고 서울역까지 갔다가 대전으로 갈 시간을 감안해서 10시 반쯤 서울역 KTX 대합실에서 만나기로 했다.

여직원에게 고맙다는 인사를 한 뒤에는 체면 불구하고 지하철로 향하는 계단이며, 두 군데의 환승역에서는 환승통로를 마구 달렸다. 그렇게 해서 서울역에서 갈 적에는 1시간 15분 걸리던 거리를 돌아올 적에는 55분 만에 되돌아 올 수 있었다.

서울역에서 첫째를 만난 뒤 첫째가 미리 구입해 둔 열차표로 곧바로 KTX를 탔다. 서울역에 도착한지 2시간 40분 만에 일을 마치고 다시금 대전으로 내려오는 기차를 탄 것이다.

KTX의 좌석에 앉은 뒤에야 비로소 마음의 여유를 갖고, 첫째의 휴대전화기를 빌려서 사무실을 비롯해서 이리저리 전화를 걸기 시작했다. 무엇보다도 오늘 점심을 약속한 B사장의 전화번호를 알아낸 뒤 그에게 전화를 걸었다. B사장에게 지금 KTX를 타고 서울에서 내려가는 중이지만 시간이 늦을 것 같아서 점심을 함께 할 수 없을 것 같다고 하니, 그는 내가 대전역에 도착하는 시각에 맞춰서 대전역 동광장에서 기다리겠다며 도착예정시각을 물었다.

11시 35분, 한 시간 만에 대전역에 도착했다. 첫째와는 금세 이별 아닌 이별을 하고, B사장이 타고 온 BMW를 타고 대청댐 상류로 향했다. 대청호로 가는 주변은 단풍이 갓 물들기 시작했으며, 시원한 공기, 맑은 하늘이 마음을 한없이 푸근하게 해주었다. 그동안 시간에 쫓기고, 일에 쫓기며 살다가 갑자기 다른 세상에 온 기분이었다. 이런 날 내 차를 타고 왔더라면 항상 차 안에 두고 다니는 카메라로 몇 컷 찍을 수 있고, 스마트폰이라도 있었더라도 몇 컷을 찍었을 텐데 하는 아쉬움이 컸다.

이윽고 C사장 내외, D사장 내외가 각각 차를 타고 음식점에 도착했다. 나를 포함한 7명은 미리 예약한 붕어찜을 앞에 두고, 맥주잔에 소주 한잔을 부은 뒤 다시 맥주를 채우는 이른바 소맥 폭탄주로 건배를 했다. 여성들까지도 소맥을 몇 잔씩 하는데도 팔불출이는 술잔을 들었다 놨다만을 반복했다. 그리고 시골 출신이면서도 민물고기를 먹지 않기에 무시래기만 집어 들었다. 그래도 복잡하고 분주한 도시생활에서 잠시나마 이처럼 여유롭게 숲길을 찾아서 점심식사를 즐기는 이들이 얼마나 부러웠는지 모른다. 즐겁게 식사를 마친 뒤 잠시 대청호반을 산책했다.

C사장의 차에 편승해서 사무실로 돌아오니, 오후 2시 반이다. 사무실에 돌아온 뒤에는 퇴근시각까지 다시금 일상으로 돌아갔

다. 이른 새벽부터 하루 종일 참으로 먼 길을 정신없이 돌아다니다가 다시금 제자리로 돌아온 셈이다. 유럽에는 항상 군주들의 옆에서 시중을 드는 직업인 삐에로(Pierrot)가 있었다고 한다.

당시 불구자를 이용하면 재난을 피할 수 있고, 또 지독한 조롱을 받으면 나쁜 운명이 조롱을 받는 사람에게서 무례하게 조롱하는 사람한테로 옮겨간다는 믿음이 있어서 삐에로라는 어릿광대는 종교의식의 한 부분으로서의 기능을 수행했는데, 중국이나 우리나라의 환관과 비슷했던 것 같다. 우리가 어릿광대라고 하는 삐에로에 대한 최초의 기록은 이집트의 제5왕조까지 거슬러 올라가는데, 로마 제국에서는 부유한 집에서도 어릿광대들을 고용했다. 우스꽝스런 모자, 귀를 덮는 두건, 지팡이, 그리고 얼룩덜룩한 윗도리 등 고대 의식에 쓰인 제물의 의상이 특징인 삐에로는 군주나 주인이 화가 나거나 분노를 참지 못할 때에는 곁에 있다는 것만으로 화풀이 대상이 되었고, 심지어는 처형되기도 하는 파리 같은 목숨이었다. 그래서 삐에로는 군주 곁에서 항상 겉으로는 웃고 있지만, 마음속에는 언제 죽을는지 모른다는 슬픔을 안고 살았다고 한다. 내 자신도 다른 사람을 위한 보람과 긍지보다는 이런 삐에로 같은 생활이 아닌가 싶다.

-계간 공무원문학 제27집(2013년 가을호)-

2. 직원 야유회

직원들과 대천어항까지 당일치기 여행을 했다. 매일 일하는 사무실을 벗어나 기분전환도 하며 하루를 즐기기 위한 것인데, 지난봄에는 홍성 서해안 남당리 어항에 가서 새조개며 대하 등으로 점심을 먹고 돌아왔다. 대전으로 돌아오는 길에는 해미읍성, 보원사지, 서산마애삼존불, 예산의 남연군묘 등을 둘러보았던 것에 이은 가을 야유회인 셈이다.

직원 야유회는 오랫동안 법원 근무를 하는 동안 봄가을마다 체육대회란 이름으로 등산이나 야유회를 가졌던 좋은 추억이 있어서 개업 후 몇 명 되지 않지만 직원들의 사기진작을 위한 것이다. 사실 어쩌면 집과 사무실만 오고가는 단조로운 생활에 찌든 내 자신이 조금이나마 자극을 받기 위한 목적이 더 컸는지도 모른다. 어제 오후에 여직원들은 할인점에 가서 대천어항까지 가고 오는 동안에 먹고 마실 음료수며 군것질거리를 사오기도 했다. 지난봄에도 그랬듯이 이번에도 내 차를 직접 운전한다고 했다. 젊은 직원들은 서로 자기 차로 운전하겠다고 나섰지만, 직원들이 하루쯤 마음 놓고 술도 마시고 부담 없이 즐기라는 배려에서다.

9시쯤 사무실에 모인 직원들은 어제 산 물건들을 차에 싣고 출발하면서 가는 길에 부여 정림사지와 궁남지 등을 둘러보려고 국도를 골랐다. 혹시라도 돌아오는 길이 막히거나 늦을 경우에는 구경할 수 없기 때문에 먼저 들른 것이다. 나로서는 셀 수 없을 만큼 찾아간 곳이지만, 직원 중에는 한 번도 가보지 못한 사람도 있다고 해서 들르기로 했다.

대전에서 차로 한 시간 남짓한 부여는 660년 나당연합군에 백제가 멸망할 때 불바다가 된 마지막 수도이지만, 3년여에 걸친 백제인들의 부흥운동으로 폐허가 되어서 백제시대의 유일한 유물은 정림사지 5층탑 하나가 있을 뿐이다. 정림사지 5층탑은 국보 제9호로 지정되고 정림사지는 사적 제301호가 되었지만, 사실 정림사란 절 이름도 발굴과정에서 나온 파편을 통해서 알게 된 고려시대의 사찰일 뿐 백제시대의 절이 아니다. 이렇게 사비성 부여는 나당연합군에게 멸망된 탓에 1000년 동안 신라의 수도였던 경주의 당시 문화유적이 거의 온전히 보존되어 온 것과 좋은 비교가 된다.

5층 석탑 하나뿐인 정림사지는 2010년 대백제전 행사를 앞두고 곱절 이상을 넓힌 경내에 박물관이니 금속공예방 등 그렇고 그런 건물들을 지어놓았는데. 어른 1인당 1,500원씩의 입장료를 받고 있다. 승자 신라는 패망한 나라 백제의 역사를 기록하지 않은 탓에 당시의 모습을 알 수 없지만, 정림사지 5층 탑 뒤편에 불전을 지어서 보존하고 있는 고려 석불은 차라리 그냥 노지상태에 두는 것이 더 좋을 것 같다는 생각이 들기도 했다.

정림사지를 나온 뒤 궁남지를 찾아갔다. 사적 제134호인 궁남지는 여름 내내 파랗던 화사하던 연꽃이며, 연잎과 줄기들이 마치 쓰레기더미처럼 지저분한 것이 조금은 을씨년스럽게 보였다.

백제 무왕 34년(634)에 조성된 궁남지는 경주의 안압지보다 76년이나 앞선 우리나라 최초의 인공연못이지만, 지자체가 시행되면서 생뚱맞게 '서동공원'이라는 이름으로 개명되었다. 이것은 몇 년 전 모 TV에서 백제 무왕의 러브스토리를 꾸민 드라마 '서동요'에서 시청자들의 관심이 높아지자 무왕의 어렸을 적 이름을 갖다 붙인 것이다. 궁남지에 젊은이들이 많은 것은 아마도 입장료를 받지 않기 때문인지도 모르겠다.

무량사에도 잠시 들렀다. 무량사는 관내의 사찰 중에서도 내가 가장 애착을 갖는 절중 하나이다. 무량사 극락전 앞의 5층 석탑은 보물 제356호인데, 석탑의 제작기법이 정림사지 5층 석탑과 형식과 수법이 비슷해서 당시 백제에서 유행하던 스타일인 것을 재확인하게 해준 석탑이기도 하다. 또, 무량사는 조선 초 세조의 찬탈을 비판하면서 생육신으로 살다간 김시습이 글씨로 시주했다는 극락전 현판과 김시습의 자화상이 걸려있는 전각, 그리고 그의 사후 승려처럼 매장한 부도 탑도 다른 부도군 속에 자리하고 있다.

잠시 나무그늘에 앉아서 다리를 편 뒤 보령 관내로 들어선 뒤에도 성주사지로 방향을 바꿨다. 성주사지는 몇 년 전에도 복원한다고 곳곳을 파헤치더니 그대로 멈춘 것이 황량하게 보였다. 어쩌면, 지난봄에 찾아갔던 서산의 보원사지처럼 파헤치다가 멈춘 것은 행정당국과 불교계의 갈등 때문은 아닌지 모르겠다. 통일신라 말 왕족이던 무렴 대사가 경주에서 멀리 떨어진 이곳에 중앙정부의 지지를 받는 5교와 달리 반정부적 성격을 보여주던 9산중 하나인 성주산파의 본거지였던 성주사지는 특히 신라 말

당에서 과거에 합격하여 벼슬하다가 귀국 후 반정부파가 되었던 명필 최치원이 쓴 무렴 대사 약력을 적은 비문이 국보 제8호로 지정되어 있다.

우리는 성주사지에서 가까운 석탄박물관으로 향하면서 이미 점심시간을 지났기에 잠시 길가에 차를 멈추고, 맛 자랑에 나왔다는 어느 찐빵가게에서 찐빵과 만두를 한 봉지씩 샀다. 석탄박물관에서 차를 세운 뒤, 입장하기 전에 벤치에 앉아서 그것을 하나씩 먹었다. 금세 찾아갈 횟집에서 맛있는 식사를 하지 못할 것 같아서 허기만 채우려고 한 것이다. 폐광시설을 이용해서 석탄 채굴방법이며, 석탄을 캐는 장비 등을 2층 건물과 야외전시장에 고루 전시해둔 석탄박물관은 어른보다는 학생들에게 요긴하다는 생각을 하고 있는데, 다행히도 직원들은 성주사지와 석탄박물관이 초행이라며 관심을 보이는 것이 반가웠다.

석탄박물관을 나와서 대천어항으로 갔다. 대천해수욕장과 붙어있는 어항은 주말을 맞아서 찾아온 사람들과 주차된 차들로 발 디딜 틈이 없었다. 경기가 불황이니 어쩌느니 해도, 먹고 마시는 데는 불황이 없다는 것을 보여주는 현장이기도 했다. 주차장 한 켠에 차를 세운 뒤, 널브러진 수족관 속의 생선들을 이리저리 구경하다가 직원들이 먹고 싶다는 꽃게 2kg, 도미, 우럭 3.5kg을 골랐다. 그리고 어느 음식점으로 들어가서 요리를 부탁했다. 사실 법원에 근무하던 때는 생선회 등을 먹을 때 횟집에 가서 먹고 싶은 생선회를 주문만 했지, 노점에서 먹고 싶은 생선을 골라 음식점에 요리를 부탁하는 것은 집행관을 하면서 처음 터득한 방식이다.

우리는 먼저 나온 생선회에 소주 한 병을 직원들이 나눠 마신 뒤, 이어서 꽃게 찜을 먹었다. 꽃게 찜이 약간 아쉽다고 느낄 무렵에 매운탕과 밥이 나와서 배는 포화상태가 되었다.

음식점을 나와서 잠시 바닷바람을 쐬러 해수욕장의 모래밭을 걸어보기도 했다. 해수욕 시즌이 지난 모래사장에는 부교를 만들어서 관광유람선을 띄우고 있는 모습이 조금은 한가롭게 보였다. 시간은 이미 5시가 지나서 짧아진 가을해가 기울고 있었지만, 바닷가는 젊은이들로 성황이었다.

직원들은 모처럼 바닷가에 온 김에 무창포 해수욕장도 구경하고 가자고 해서 남포방조제길을 거쳐 무창포로 향했다. 예전에는 한산하던 무창포는 모텔이며 콘도들이 많아서 어떤 면에서는 대천해수욕장 일대보다 더 성황인 것 같았다. 약간 늦은 시가이었는데도 직원들은 바닷길이 갈라진다는 석대도와 가까운 방파제까지 걸어서 다녀오기도 했다.

오후 6시가 지나자 사방은 캄캄해서 대전으로 돌아올 때에는 공주~서천간 고속도로를 타려고 서해안고속도로로 무창포 나들목으로 진입했다. 서해안고속도로 서천 교차로에서 다시 서천~공주고속도로로 갈아탄 뒤 대전으로 돌아왔다. 잠깐 사이에 두 개의 고속도로를 달려 사무실 앞에 도착해서 직원들과 헤어져 귀가하니 밤 8시. 온수로 샤워를 했지만, 몹시 피곤해서 오늘 밤에는 숙면할 것 같다.

3. 어떤 족발

가을이 되면서 상담하러 찾아오는 이들이 부쩍 늘어났다. 무더운 여름에는 밖으로 돌아다니기가 주저되다가 날씨가 점점 서늘해지자 밖으로 나오는 사람들이 늘어난 것 같다. 아니면 몇 년째 이어지는 경기불황이 더욱 심해지는 것인지 모르겠지만, 어제 찾아왔던 한 여승이 다시 찾아왔다. 그녀는 내 방으로 들어서더니 뭔가 담은 종이 쇼핑백 하나를 슬그머니 내려놓고 나갔다. 사실 어제 그녀가 처음 찾아왔을 때 승복만 입지 않았다면 전혀 여승이라고 생각하지 못할 정도로 험한 언행을 보여주었다.

오랜 시간 상담을 마친 뒤 직원에게 서류작성을 지시했었는데, 여승이 돌아간 뒤 직원에게 확인해보니 증거서류라고 하는 공정증서 하나만 달랑 가져왔을 뿐이어서 증빙서류며 소송비용을 가져오라고 했고, 입금 계좌번호도 알려주었다고 했다.

그래서 오늘 그 여승이 찾아왔을 때에는 아마도 그것들을 챙겨서 갖고 온 것이 아닌가 생각했는데, 생각지 않게 내 방으로 들어와서는 작은 쇼핑백 하나를 슬그머니 내려놓고 나가는 모습이 하도 이상해서 뒤따라가면서 뭐냐고 한사코 사양했지만 막무가내였다. 여승이 돌아간 뒤 쇼핑백을 살펴보니, 쇼핑백에는 생각지 않게 비닐 포장된 돼지족발이 한 접시 들어있었다.

'여승과 돼지족발이라니???'

오랜 법원 근무를 하는 동안 법원 주변에서는 초등학교 교사, 승려나 목사, 신부 같은 성직자들을 조심하라는 말을 귀에 박히도록 들었다. 그것은 이들은 자기의 전문지식을 무기로 세속의 법을 비웃으며 자기가 믿는 종교의 잣대로만 해석하고 시시콜콜 따지고, 상대방에 대한 아량이 없어서 소송이나 조정에서 거의 양보가 없다. 설령 판결이 나오더라도 승복하지 않고 상소를 남발하며, 또 허투루 소송이나 사건을 수임했다가는 봉변당하기 쉬워서 상대하기 어려우니 조심하라는 의미도 포함된다.

그러나 찾아온 의뢰인을 한눈에 교사나 성직자인지 알아 볼 수 없는데다가 설령 어제처럼 여승이 찾아와도 냉정하게 거절하지 못하고 상담을 마친 뒤 직원에게 소송서류 작성을 지시했었다.

오후에는 일흔쯤 되어 보이는 낯선 노파가 찾아왔다. 첫눈에 깡마른 얼굴에 날카로운 눈매가 평범한 사람은 아니었지만, 일단 소파에 앉도록 권했다. 그녀는 누구의 소개인지는 말하지 않은 채, 세 차례나 찾아왔으나 만나지 못했다는 푸념부터 했다. 외부 강의 같은 특별한 일이 없으면 거의 매일 사무실에 있는 내게 그렇게 말하는 품으로 보아서, 어쩌면 8월 하순께 열흘가량 외국여행을 다녀올 때 찾아오지 않았을까 싶었지만, 언제 오셨었느냐고 되묻진 않았다.

그녀는 마흔 살 된 딸이 사채업자에게 두 차례에 걸쳐 100만원과 200만원을 빌린 뒤, 매달 조금씩 갚아나가다가 그만둔 것이 7,800만원으로 늘어서 독촉을 받고 있다고 했다. 하지만, 그녀가 갖고 온 서류라곤 딸의 사채를 인수한 추심회사의 독촉장과 두 차례에 걸쳐 빌렸다는 차용증 뿐, 도대체 그동안 원리금을 얼마씩 갚아나가다가 중단했으며, 왜 마흔도 넘은 딸이 결혼도 하지 않은 채 주민등록을 자기 집이 아닌 이모네 집에 두어서 채권자들이 찾아오면 살지 않는다고 거짓말을 해서 추심회사 직원들이 수시로 들락거리는 것을 트집 잡고 있는지 모른다. 더더욱 2008년에 개인회생을 신청해서 회생결정을 받았다는 딸이 왜 이 사채는 누락시켰는지, 도무지 어느 것 하나 납득할만한 것이 없었다.

그녀에게 그동안 상환한 입금 증 같은 자료며, 당사자인 딸과 함께 찾아와야만 정확한 상담을 할 수 있을 것 같다며 돌려보낸 뒤, 한 시간 이상 그 노파로부터 심문 당하듯 집요한 질문에 짜증이 나서 기분전환을 하려고 복도를 한 바퀴 돌아다니다가 들어왔다. 그 뒤 얼핏 오전에 여승으로부터 건네받은 돼지족발이 생각나서 족발을 꺼내어 탁자 위에 내놓고 직원들과 몇 조각씩 나눠 먹었다. 사실 여승이 어째서 내게 돼지족발을 주었으며, 그것이 그녀의 진심어린 호의였는지 아니면 앞으로 내게 어떤 족쇄가 될지 알 수 없었지만, 그렇다고 집에 가져 갈 수도 없는 일이어서 직원들과 먹어치우기로 한 것이다.

그런데, 곰곰이 생각해보니, 이렇게 반갑지 않은 상담객들이 빈번하게 찾아오는 것은 다른 법무사와 달리 내 사무실 입구에 '무료 법률상담'이라는 안내 문구 때문이 아닌가 싶기도 했다. 법원 주변의 수많은 변호사나 법무사 사무실마다 흔하게 볼 수 있는 '무료 법률상담'이란 문구도 내가 입주한 빌딩에는 유독 내 사무실 입구에만 붙어있는 것이 그들을 찾아오게 한 원인이 된 것 같다. 이들은 자신의 아픈 증상을 어느 한 병원에 맡기고 치료받지 않고, 이 병원 저 병원으로 돌아다니며 상담한 뒤 스스로 진단하고 처방하여 오히려 병을 키우듯이, 법원 주변의 변호사나 법무사 사무실 중 무료 법률상담이란 안내문구가 있는 사무실을 돌아다니면서 스스로 법률해석과 판단을 하는 엉터리 망상증 환자들인 것 같기도 했다.

하지만, 오전에 다녀갔던 여승으로부터는 퇴근시각이 임박할 때까지도 소송비용이 입금되지 않아서 직원이 몇 차례 독촉전화를 했지만, 전화를 받지 않는다는 답변만 들었다. 혹시라도 내가 그 여승에게 휘말린 것은 아닌지 공연한 두려움이 드는 하루였다.

4. 생일날

9월 10일은 내 생일이다. 사실 내 연령대에서 양력으로 생일을 맞는 사람은 거의 없을 것인데, 이것은 선친께서 젊은 시절 내 혈기에 빚어진 어려움을 해결하기 위해서 노력하신 덕택이다.

생일은 자신을 이 세상에 태어나게 해준 부모님에 대한 고마움을 표해야 하는 날이지만, 언제부턴가 우리사회는 부모에 대한 은공이 아닌 자신의 커다란 기념일로 여기는 사람들이 많아졌다. 이것은 1970년대 이후 가족계획 사업으로 집집마다 왕자와 공주가 되어서 부모들이 자기자식을 과분하게 대우한 역기능이 아닐까 싶기도 한다. 그래도 어렸을 적에는 알지 못했다 해도 어느 정도 지각이 생기면 부모님에게 감사드려야 옳지만, 대부분은 그렇지 않은 것 같다.

아무튼 100세 시대인 요즘에는 회갑연을 하는 사람이 거의 없기도 하지만, 세 자녀도 아직 제짝을 맺어주지 못했기에 나 역시 회갑 때 서유럽을 훌훌히 다녀왔었고, 그 이후 생일이 되어도 사정은 매번 엇비슷했다.

그런데, 이번에는 서울에서 학교에 다니는 남매가 지난 주말에 생일에 앞서 다녀갔고, 단 둘이 사는 아파트에서는 어제부터 오늘 아침까지 쇠고기를 넣은 미역국과 조기, 전과 동그랑땡 같은 별식으로 푸짐한 식사를 했다.

출근하자마자 여직원이 작은 생일 케이크를 하나 사와서 테이블 위에 놓고, 직원들이 빙 둘러서 촛불을 켜고 생일 축하를 합창했다. 내가 촛불을 끄자 직원들은 폭죽도 터트렸다. 사실 이런 생일축하는 직원들 생일 때마다 이렇게 간소하게나마 축하해주고 있는데, 조반 후 얼마 지나지 않은 시간이어서 케이크는 한 조각씩만 나눠먹고 나머지는 냉장고에 넣어뒀다가 오후에 꺼내먹었다.

또, 남매 이름의 리본이 붙은 생일축하 꽃바구니도 배달되어서 내 방의 탁자 위에 놓았다. 생일 꽃바구니는 법원에 근무하던 때부터 지금까지 매년 생일 때마다 배달받고 있는데, 아이들 셋의 이름이 적혔다가 둘째가 핵분열 하듯 새 가정을 이룬 후부터는 남매 이름으로 줄어들었다. 이것이 내 자신의 삶의 단면을 보여주는 것이라 여기고 있다.

그런데, 직원 A과장은 잘 익은 알밤을 반말 정도씩 망에 담아서 선물했다. 퇴직한 부친이 시골에서 가꾸는 산에서 땄다며, 매년 직원 모두에게 골고루 선물하고 있다. 얻어먹는 입장에서는 고마운 일이지만, 노인이 밤송이를 헤치고 한 알 한 알 모아서 여럿에게 선물하는 정성이 고맙고 미안한 마음이었다.

또, 여직원 B는 내게 운동화를 한 켤레 선물했다. 사실 몇 년째 신고 다니는 운동화는 다소 색깔이 바래고, 낡기도 했지만, 나로서는 그 운동화가 발이 편해서 신고 다니는데도 다른 신발이 없어서 계속 신고 다니는 것으로 생각했는가 보다.

내 성격이 괴팍한 것인지 모르겠지만, 오랜 아파트 생활이 싫어서 구들장이 있는 온돌방에서 살고 싶고, 직장생활을 하는 동안 줄 곳 양복 정장과 구두 차림이 넌덜이가 날 정도로 싫어서 개업 후에는 외부의 공식행사가 있을 때 이외에는 양복이나 구두를 잘 걸치지 않고 있다. 그러다보니 아이들이 사주고 또 선물 받은 구두가 세 켤레나 신발장에 그대로 놓여있고, 지난 설 때 선물 받은 값비싼 운동화도 고스란히 신발장에 놓여있다.

이처럼 좀스러운 내 성격을 이해하지 못한 이들은 내 차림새를 초라하게 생각해서인지 선물해주는 정성이 고맙긴 해도 조금은 마음이 불편하기도 했다. 오늘 선물 받은 운동화는 내가 신고 다니는 운동화와 제조사는 다르지만, 색상이나 다자인이 얼핏 비슷했다. 자꾸 한번 신어보라는 권유에 못 이겨 신어보니, 약간 발이 조이는 것 같았다. 그러자 여직원은 점심시간에 운동화를 산 L백화점에 가서 바꿔왔다고 해서, 다시 신어보니 발에 잘 맞았다. 그 정성에 새삼 고마움을 느꼈다. 생일날 갑자기 이러저러한 선물을 받고 보니, 고희를 앞둔 중늙은이인데도 마치 어린애처럼 기분이 좋아졌다.

5. 인터넷 강국

어제는 첫째와 함께 사무실에서 PC를 새로 포맷하느라 점심까지 사먹으면서 하루를 보냈다. 사무실에는 내 PC와 직원들의 PC 5대를 네트워크로 연결해서 서로 자료를 공유하고 있는데, 평소 자주 이상증상을 보이던 내 PC가 신정 연휴가 끝난 지난 월요일에 켜보니 전혀 작동되지 않았다. 지난 5월 어버이날에 첫째가 선물한 신제품인데.

그래서 첫째에게 전화를 걸어 A/S센터를 다녀오도록 했더니, 금세 달려온 첫째가 본체를 가지고 A/S센터에 갔다. 첫째는 A/S 센터 기사가 본체에 드라이브 장착이 덜 되어 있어서 오류가 생겼다며, 드라이브를 한번 꺼냈다가 다시 끼워주더라고 했다. 왜 출고당시 그렇게 꼼꼼하게 장착하지 않았는지 불만이었지만, 이미 다 지난 일이다. 그러면서 새로 포맷을 해야만 제대로 성능이 나올 것이라고 했다지만, 매일 PC로 일하는 입장에서 당장 포맷할 수 없어서 그 작업을 주말로 미룬 것이다.

PC를 포맷한 뒤 관련 프로그램을 새로 설치하면서 하드웨어와 소프트웨어간의 간극이며, 첨단기술과 정부의 정책간의 갭을 절실히 느껴본 시간이 되기도 했다.

우선, 요즘 새 PC나 노트북마다 윈도우 10 프로그램이 기본으로 설치되어 있고, 또 기존 PC에도 무료 업그레이드 할 수 있다는 팝업 창이 계속 뜨고 있지만, '대법원 인터넷등기소'를 비롯해서 행정전산망인 '정부포탈 민원 24시', 지방세를 납부하고 증명서를 발급하는 '위텍스' 프로그램 등은 아직 Active를 그대로 유지하고 있어서 어쩔 수 없이 윈도우 10 프로그램보다 낮은 버전의 인터넷 프로그램을 다시 설치했다. 그렇게 PC포맷을 마친 후에는 한글 프로그램도 새로 설치했다.

개업하면서 정품 5카피를 구입해서 직원들 PC에게까지 설치한 한글 소프트웨어를 PC 포맷 후에는 어떻게 새로 설치하는지 미리 프로그램 제작사 홈페이지에 상담하니, 홈피에 접속 후 '내코너'메뉴로 들어가면 구입한 한글프로그램을 다운받을 수 있다고 해서 그렇게 따라했다. 참 훨씬 편리한 프로그램 설치 시스템이었다.

하지만, 직원들의 PC와 네트워크로 연결한 것이 정상으로 작동하는지 테스트 해보고, 또 레이저젯 프린터와 연결하고, 등기신청서 작성은 물론 각종 지방세 납부의 위텍스, 수입인지를 구입하는 전자수입인지, 건축물대장이며 토지대장 등을 발급 신청하는 민원 24시 등을 일일이 테스트 해보느라고 일요일 하루를 꼬박 PC와 씨름했다. 왜 우리 PC에서는 플러그를 꼽으면 곧장 인접 프로그램이 자동 설치되는 PNP(Plug & Play)가 구동되지 않는지는 알 수 없다.

우리는 우리나라가 세계 1,2위의 인터넷 강국이라고 알고 있지만, 사실 PC를 많이 사용한다고 해서 인터네 강국은 아니다. 인터넷 강국이 되려면 PC보급이나 전국을 연결하는 광케이블 구축 같은 하드웨어가 아니라 PC의 사용 환경이 편리한 소프트웨어와 각종 웹기술이 발전해야 하는데도 우리나라는 아직 하드웨어만 앞선 상황에 있을 뿐이다. 우리는 2003년 100명 당 초고속 인터넷 보급현황이 24%로서 4인 가정 기준하여 가구당 보급률이 100%에 가까웠는데 반해서 2위인 덴마크는 겨우 13%로 한국의 절반에 불과했다. 선진국인 미국도 10%가 채 되지 않는 몇 가구 당 하나 꼴로 초고속인터넷이 보급된 상황이었는데, 이것은 2000년대 말 전국 방방곡곡을 거미줄처럼 초고속 인터넷망인 광케이블이 보급된 덕택이다. 2002년 11월 현재 1600만 가구 중 63%인 1,000만 가입자가 초고속인터넷을 쓰고 있다고도 했다.

2003년 말까지도 전 세계의 초고속인터넷망 보급은 인구 100명당 10%를 넘는 나라가 겨우 3개국에 불과했는데, 동남아는 물론 선진국인 서유럽을 여행하다보면 우리나라의 인터넷 환경이 얼마나 편리한 지 잘 알게 된다. 이들 국가는 대부분 전화모뎀을 이용한 저속 인터넷을 이용하고 있는 것이다.

문제는 이 좋은 초고속인터넷 환경을 훌륭한 자료 구축이나 새로운 웹기술, 웹기술의 활용에는 큰 발전이 없이 포르노나 음란동영상 등 엉뚱한 면에 많이 사용하고 있다는 사실이다. 그러는 사이에 OECD 24개 회원국의 2004년 초고속인터넷 가입률은 인구 100명 당 가입자 수가 2003년에 비해 41%나 증가하여 네덜란드 19명, 덴마크 18.8명, 아일랜드 18.3명, 캐나다 17.8명으로 이제는 5위권까지 집집마다 보급되는 상황에 이르렀다.

우리나라는 24.9명으로 여전히 1위를 유지하고 있긴 해도 다른 나라들과 격차가 크게 좁혀진 상황이어서 금방 후발 국가들에게 따라잡힐 상황이 되었다. 즉, 정부의 IT정책에 힘입어 초고속 인터넷망 보급에서 앞섰을 뿐이고 인터넷 강국이 아니며, 조금은 속물스런 표현이긴 해도 인터넷을 활용하는 기술은 19세기적인 행태이고, 다른 한편 우리는 초정밀 기기인 노트북과 휴대폰 생산 세계 1위 국가이지만 고작 2~3년을 사용하면 이상이 생겨서 신제품으로 교체하거나 새 기능을 사용할 수 없는 고물로 변해버리는 환경에 있다. 이것은 제조사들이 계속 첨단기술을 빙자하여 국민들에게 과소비를 유도하는 상술 때문인데, 요즘 백만 원이 넘는 고가 휴대폰보다 1~20만원의 저가 휴대폰이 더 인기인 사실은 제조사들의 얄팍한 상술에 반대한다는 무언의 항변이 아닐까 싶다.

-2016.01. 19. 고시 위크 칼럼-

6. 변호사를 바라보는 불편한 시선

사법시험이 2017년 11월 18일 마지막 합격자 55명을 발표하고 역사의 뒤안길로 사라졌다. 일제강점기시대부터 시행된 고시제도는 해방 후 '고시 사법과'가 5.16. 이후 '사법시험'으로 명칭만 바뀐 채 시행되다가 2009년부터 법학전문대학원 즉 로스쿨제도로 바뀐 결과다. 앞으로 변호사시험은 로스쿨 과정 이수자에 한해서 응시할 수 있으며, 로스쿨 졸업자는 법학석사 학위를 취득한 달로부터 5년 내에 5회까지 응시할 수 있도록 응시횟수가 제한되었다.

그런데, 로스쿨 제도와 사법시험이 병행되는 동안에도 한쪽에서는 사법시험 존치 요구가 꾸준히 계속되고 있었다. 그 이유야 여럿이지만, 가장 큰 핵심은 개천에서 용이 나는 사다리를 탈 수 없게 된 고시준비생들을 비롯하여 갑자기 기하급수적으로 증가한 변호사의 숫자에 밥그릇이 부족해진 기존 변호사들의 반발이다. 또, 로스쿨 수업을 받으려면 연평균 2,000만 원가량의 학비가 들어간다고 하는데, 로스쿨 3년 동안 그런 학비를 부담할 수 없게 된 가난한 고시생들의 반발도 만만치 않았다.

사실 일제강점기이던 1906년에 고작 3명으로 출발한 변호사가 2008년에는 1만 명을 넘었다. 이렇게 변호사 1만 명을 돌파하는데 102년이 걸렸지만, 그 뒤 불과 7년만인 2015년 9월 16일 2만 명을 돌파하게 되자 위기를 느낀 변호사들의 반발은 더욱 커졌다. 변호사의 급증 원인은 2004년부터 사법시험 합격자를 1,000명으로 늘린 데다 2012년부터 로스쿨 출신 변호사들이 매년 1,500명 이상 쏟아져 나온 때문이다.

문제는 정부의 로스쿨 제도 시행 취지가 변호사의 문턱을 낮춰서 국민들에게 보다 나은 법률서비스를 제공하자는 것인데도 변협은 이런 입법취지와 달리 오로지 고루한 인식아래 직역사수에 매달리고 있는 모양새를 보이고 있어서 뜻있는 시민들의 지탄을 받고 있다.

우선, 대한변협은 질 좋은 대국민 법률서비스에 노력하여 수요를 창출하려는 노력 대신 사법시험 출신과 로스쿨 출신이라는 변호사간의 내부 갈등을 벌이는 한편, 변리사, 법무사, 세무사 등 업무영역이 겹치는 법조 영역에 대하여 독단에 가까운 직역수호를 주장하고 있다. 이것은 분명히 기존 변호사들의 직역이기주의라고 생각한다. 하지만, 현재 대한변협 소속 변호사 2만여 명(휴업자 포함) 중 5,000여명이 그리고 서울변회 소속 변호사 17,000여 명 중 3,300여명이 로스쿨 출신이어서 평소 사법시험 출신 변호사들이 실력 부족을 이유로 깎아내리던 로스쿨 출신 변호사들과 밥그릇 싸움을 벌이고 있지만, 앞으로 로스쿨 출신 변호사들에게 숫자 싸움에서 밀려서 변협의 주도권을 빼앗길 것은 확실하다.

다른 한편, 대한변협은 변리사와 세무사 · 법무사 업계와도 전면전을 선포한 양상인데, 지난해 말 기준 특허청에 등록된 변리사 8,885명 중 자동으로 변리사자격을 부여받은 변호사가 5,379명으로 전체의 60.5%를 차지하고 있다. 그러나 변리사와 세무사 업계에서는 실제는 변리사나 세무사 업무를 처리하지 않으면서도 변호사에게 변리사 · 세무사 자격 자동 부여를 규정한 변리사법 3조의 폐지와 세무사법 제3조 개정 서명운동을 전개하자, 대한변협에서는 "과거 변호사 수가 부족할 때 저렴한 법률서비스 제공의 필요성으로 변호사 고유 업무영역 중 최소한의 범위에서 예외를 인정해 변리사 제도를 뒀으나, 로스쿨에서 지식재산 분야 특성화 교육을 받은 변호사들이 다수 배출되므로 따로 변리사 제도가 필요 없다고 주장한다. 또, 대한세무사협회의 공세도 만만치 않다. 대법원이 2012년 세무사시험에 떨어진 변호사는 세무사 등록을 할 수 없다고 판결하면서 변호사의 세무사 자격 자동 부여 제도는 사실상 무력화 되었지만, 세무사들은 여기에 그치지 않고 변호사에게 세무사 자격을 부여하도록 한 세무사법 제3조를 아예 폐지하자는 세무사법 개정안을 국회에 발의하여 현재 계류 중이다.

그런데, 법무부는 2017년 12월 31일 폐지 예정인 사법시험을 4년간 더 존치한다는 결정을 내렸다가 로스쿨 측의 반대 여론에 밀려서 철회하는 등 갈팡질팡하는 모습을 보였다.

이렇게 사법시험의 부작용을 막기 위한 로스쿨 제도가 도입된지 몇 년 만에 또다시 두 제도의 시원적 장단점에 대한 논의를 벌이는 현실도 슬프지만, 공신력을 생명으로 하는 정부부처가 여론에 따라 우왕좌왕하는 모습을 보이는 것도 결코 바람직하지 않다. 무엇보다도 대법원, 교육부, 법학계 등 관계 기관과 협의도 거치지 않고 독단적으로 결정한 절차적 정당성마저도 문제가 되고 있는 것이다. 당장 로스쿨 출신 변호사들은 법무부장관 퇴진 운동에 나섰고, 기존 변호사단체와 별도로 '한국법학전문대학원 법조인 협의회'(한법협)를 출범시켰고, 법학전문대학원(로스쿨) 교수들과 일반 법학교수들까지도 각각 사시 '폐지'를 주장하며 연일 날선 신경전을 벌이고 있다. 심지어 로스쿨 교수들은 코앞에 다가온 변호사시험 출제위원 위촉도 거부할 것이라고 한다.

사실 법조 인력배출 창구의 이원화는 세계 어디에도 없는 제도로서 국력 낭비이다. 또, 대한변협은 변호사제도가 로마시대 이래 고급노무로서 포괄적인 법률대리권을 주장하며 비영리적 측면을 강조하지만, 로마시대에도 세무나 특허, 법무업무가 발달했었는지 의문이다.

이렇게 시대의 변화에 따라 생성되는 모든 직역을 변호사만이 도맡겠다고 주장하는 것도 전문화된 현대에 맞지 않는 독단적인 발상이 아닐 수 없다. 정작 자신들의 수임료 수지계산과 부가세 납부조차 해결하지 못하고 대부분 세무사에게 위임하고 있으며, 또 특허소송이나 국제통상문제에는 언어나 전문지식이 미약해서 변리사나 이른바 국제변호사라고 하는 외국법 전문가들에게 맡기는 현실을 망각한 처사라는 점을 겸허하게 반성하는 것이 순리라고 생각한다.

변호사들이 고령이나 질병 등으로 법정변론(Court Lawyer)이 불가능해지면 공증인 등록을 하고 있는데, 차라리 법무사에게도 법정 변론이 아닌 등기와 공증업무를 처리하는 비즈니스 변론(Business Lawyer) 자격을 부여하여 장차 법무사직을 폐지하는 것도 법조 인접직역의 갈등을 좁히는 한 방안이 될 것이라고 생각한다.

-2015.12.15. 고시 위크 칼럼-

※ 2017. 12. 8. 국회는 변호사에게 세무사 자격을 자동 부여하는 것을 금지하는 변리사 개정안을 의결한데 이어서 서울고등법원은 2017.12.13. 거래금액에 무관하게 일정 금액만을 수수료를 받고 부동산 중개를 한 변호사에 대한 공인중개사법 위반사건에 대하여 1심에서는 무죄 판결했으나, 항소심에서는 벌금 500만원을 선고했다. 현재 세무사 자격을 자동 부여하는 문제도 심판을 기다리고 있다.

7. 타산지석

음력절기로 찬 이슬이 맺히기 시작한다는 한로(寒露), 앞으로 보름 뒤면 서리가 내린다는 상강(霜降)이니, 이제 가을도 깊어가는 것 같다. 매년 이맘때가 되면 여름 내내 밤에도 풀잎에 이슬이 맺힐 틈도 없이 무덥던 날씨가 거의 10도 이상 낮아져서 아침 기온이 섭씨 10도정도로 낮아지고 한낮에도 23도 정도에 그칠 정도로 일교차가 커서 이슬을 볼 수 있는 시기이다. 이렇게 날씨가 차가워지면 농부들은 가을걷이를 시작하고, 여름 내내 지저귀던 철새들은 따뜻한 남쪽나라를 찾아갈 준비를 하지만, 여름 내내 몸만 바빴을 뿐 일궈놓은 농사도 없는 나로서는 거둬들일 곡식도 없으니 미리부터 불안스럽기만 하다.

그렇다고 철새처럼 따뜻한 남쪽나라를 찾아서 훨훨 날아갈 수도 없고…….

출근한 후 얼마 지나자 않았을 때 갑자기 A집행관이 찾아왔다. 그는 내가 C지원 사무과장으로 근무할 때 주임이었다가 계장 승진시험에 합격해서 헤어졌다가 몇 년 후 내가 본원의 과장으로 근무할 때 갓 사무관으로 승진한 그와 다시 근무한 인연이 있다. 그런 그가 내가 집행관으로 근무하던 때 집행관을 신청했다는 말을 듣고 조금은 의외라는 생각을 했는데, 교편생활을 하던 부인의 건강이 워낙 좋지 않아서 그랬다는 말을 나중에 들었다. 그 후에도 이따금씩 안부를 주고받긴 했지만, 갑자기 사무실로 찾아온 그가 웬일인지 약간 의아스럽기도 했다.

소파에 마주 앉아서 차를 마시며 얘기를 하면서야 비로소 그도 금년 말에 집행관 임기가 끝나게 되어서 법무사 개업을 준비 중이라는 것을 알게 되었다. 나와 무관한 일이기에 그동안 둔감한 점도 있지만, 벌써 그의 집행관 4년 임기가 지났는가 생각하면 참 빠른 세월이다. 그에게 나는 이곳이 객지이지만 마지막 근무지라는 이유만으로 개업한 것과 달리 그는 이곳이 고향이고 또, 학연도 있으니 여러 가지로 개업에 유리할 것이라고 조언해주었다.

단순히 함께 근무했었다는 인연 때문만이 아니라 평소 나를 잘 따랐고, 나 역시 그의 침착함을 높이 평가하고 있었기에 이렇게 찾아와서 자문을 구하는 그에게 내가 직접 겪었던 경험을 들려주며 시간을 보냈다. 무엇보다도 대체로 개업하려고 할 때는 다른 사무소에서 일하는 직원을 스카우트하는 것이 보통인데, 좀 더 사려 깊은 사람들은 자기가 채용할 사람을 골라서 미리 다른 법무사사무소에 짧게는 반년, 길게는 1년 이상 업무를 익히도록 한다는데도 개업을 전혀 생각하지 않다가 갑자기 마음을 바꿔 먹은 내가 얼마나 시행착오를 겪었는지도 들려주었다. 그에게 가족에게도 보여주지 않았던 개업을 하면서 준비했던 일정별 명세와 초안 등 목록을 일일이 프린트해서 건네주자, 그는 몇 번이고 고맙다는 인사와 함께 잘 찾아왔다며 자위했다. 그가 점심을 사겠다고 해서 가까운 일식집으로 가서 식사를 했다.

A가 돌아간 뒤 하루를 보내고 퇴근길에 나섰을 때는 생각지 않게 가랑비가 내리기 시작했다. 마치 가을을 재촉하고, 사람의 마음을 더욱 허전하게 하려는 듯이.

8. 여성의 질투

요즘 계속된 불면증과 머릿속의 혼란을 정돈해 보려고 서점에서 고른 것은 그리스 · 로마 신화에 관한 책이다. 물론, 신화는 신화일 뿐, 법률 서적처럼 단어나 문장 하나에 연연할 것은 아니어서 부담 없이 펼칠 수 있지만, 서유럽의 역사의 기원이 되는 그리스 · 로마 신화는 조금은 색다른 느낌을 안겨주고 있다. 우선, 방대한 내용을 한번 읽고 덮어둘 수 없을 뿐만 아니라 저자마다 축약한데다가 주관을 너무 많이 개입시킨 때문에 마치 내용과 오류를 검증하듯 두서너 권을 새로 대조해보기도 하는데, 그럴수록 오히려 혼란과 궁금증이 더 커져서 그리스 신화에 관한 책만도 이미 몇 권째 구입하고 있다.

가장 관심을 갖게 하는 부분은 헤라클레스(Heracles)이다. 그리스신화에서 제우스 못지않게 자주 등장하는 거인으로서 커다란 쇠몽둥이와 큰 사자를 때려죽인 모습으로 표시되는 헤라클레스는 제우스가 아내 헤라 몰래 유부녀인 알크메네를 범하여 낳은 아들이다. 알크메네는 여신이 아닌 일반여성인데, 그녀의 미모에 반한 제우스가 그녀의 방에 몰래 들어가서 동침하여 낳은 것이다. 그러나 제우스의 잦은 바람기에 질린 아내 헤라는 제우스가 데려온 아기 헤라클레스를 달가워 할 리 없는 것은 너무 당연했다. 그래서 헤라는 아기가 자는 요람에 독사 2마리를 집어넣고 헤라클레스를 죽이려고 했지만, 낳은 지 불과 아흐레 밖에 되지 않은 헤라클레스는 두 손에 독사 한 마리씩을 잡아서 목을 비틀어 죽였다고 한다. 어쩔 수 없이 헤라가 아기에게 젖을 물리자, 어찌나 세게 젖을 빨았던지 헤라의 왼쪽 젖가슴에서 뿜어져 나온 젖은 멈추지 않고 강을 이룬 것이 지금의 은하수(Milky way : 天江)라고 한다.

제우스는 헤라클레스를 사랑하여 그에게 뛰어난 힘을 주고 왕위를 약속했지만, 아내 헤라의 질투로 뜻을 이루지 못했다. 큰 엄마격인 헤라는 항상 헤라클레스를 구박하고 위험에 빠뜨리려고 했는데, 청년이 되어서도 헤라의 간계로 에우뤼스테우스의 부하가 되어 온갖 위험한 일을 했다. 그리스 조각이나 그림에서 헤라클레스가 몽둥이로 사자를 때려죽인 모습은 그가 처음 명령을 받고 네메아의 사자를 때려죽인 것이고, 마지막인 열두 번째 임무는 저승세계에 가서 저승 문 앞을 지키고 있는 머리가 셋 달린 개 케베로스를 붙잡아 오는 일 등을 모두 성공한 것이다. 헤라클레스는 에우뤼스테우스가 지시한 [12가지 어려운 일]을 모두 해냄으로서 그의 명성이 더욱 높아지는 계기가 되기도 했고, 후세사람들은 헤라클레스의 힘과 용기로 시련을 극복한 모험을 '12가지 사역'이라 말한다.

헤라클레스가 싸운 마지막 전쟁은 이전에 사랑하던 이올레와의 결혼을 승낙하지 않던 오리칼리아 왕 유리토스를 공격한 것이었는데, 물론 헤라클레스는 그 전쟁에서 유리토스를 죽이고 이올레를 포로로 붙잡았다.

그런데, 헤라클레스가 제우스 신전에서 전쟁을 승리하게 해준데 대한 감사의 제사를 지내기 위하여 부하 리가스에게 예복을 가져오도록 명령했을 때, 헤라클레스의 아내 데이아네리아는 연적 이올레에 대한 남편의 사랑을 막기 위해서 예복 속에 부적을 몰래 넣어 보냈다. 그 사실을 알지 못한 헤라클레스는 예복을 입자 독이 온몸에 퍼져서 죽을 지경이 되었다. 고통을 이기지 못한 헤라클레스는 사랑하는 부하 리가스를 내동댕이쳐서 바다 속에 빠뜨려 죽이기까지 했다. 오로지 남편 헤라클레스의 연적에 대한 질투심 뿐, 남편을 사랑하는 마음에는 변함이 없던 데이아네리아는 자신이 몰래 넣은 부적으로 남편이 죽을 고통을 겪는 것을 보고 죄책감에 빠져서 스스로 목을 매어 자살했다.

고통스런 상태로 집에 돌아온 헤라클레스는 아내 데이아네리아가 죽은 것을 보고, 자신도 따라 죽으려고 오이테 산에 올라가서 나무더미 위에 올라가 스스로 불을 질렀다. 이때 하늘에서 지켜보던 제우스는 아들 헤라클레스를 안타깝게 여기고, 하늘나라로 불렀다. 그 후 헤라클레스는 앙숙이던 큰엄마 헤라와 화해하고, 헤라는 제우스와 자기 사이에서 낳은 딸 헤베(Hebe)와 다시 혼인하게 하였다. 헤베는 영원히 늙지 않는 청춘의 여신으로서 하늘에서 신들을 시중하며 불로주(不老酒 : Necktar)를 따라 주는 일을 맡았는데, 헤라클레스와 결혼 후 그에게 젊음을 되찾아 주고 두 사람 사이에서 아들 알렉시아레스와 아니케토스도 낳았다. 헤베는 로마시대에는 유벤타(juventa), 영어로는 청춘 혹은 사춘기를 의미하는 juvenity의 어원이 되었다.

그러나 많은 사람들은 헤라클레스의 출생과 죽음에 이르기까지 헤라의 질투, 그리고 데이아네리아의 질투 등 여성의 질투가 때로는 자신의 행복을 빼앗는 원인이 되기도 하는 것을 알지 못하는 것 같다. 그런데, 영웅 헤라클레스는 죽은 것일까, 변신한 것일까?

-2013.08.30. 리걸 인사이트 칼럼-

9. 데메테르 여신이여!

세상이 온통 어수선하다. 전쟁이 난 것도 아닌데 배가 침몰하고 땅이 꺼지고 잇단 대형 교통사고로 죽어나가는 사람들이 더 많고, 탱크며 헬기, 잠수함 건조비를 뭉텅뭉텅 떼먹는 부정한 관리와 장교들이 난무하고 있다. 정권이 바뀌면 죄수들을 사면하고 백성들에게 새로운 비전을 제시하며 국력을 한곳으로 모으는 것이 왕조시대부터의 전통이었건만, 근래에는 그런 아량은 찾아볼 수 없다. 오히려 정권만 잡으면 적폐청산이란 이름의 정치보복을 수십 년째 반복하고 있다. 혹자는 작금의 이런 상태를 조선시대 무오 · 갑자 · 기묘 · 을사로 이어지는 현대판 사화(士禍)같다고도 말한다.

정권유지를 위해서 사화를 통해서 얼마나 많은 인재들이 사라지고, 국력은 위축되어 임진왜란 · 정묘호란 · 병자호란 등 외침을 초래하게 되었는지는 역사가 잘 말해주고 있다. 물론, 앞으로 나가기 위한 전제로서 적폐청산도 필요하지만, 인간사회는 증류수처럼 물이 너무 맑아도 고기는 살지 못한다.

많은 성인들이 세상에 사는 동안 선행을 권하는 것은 인간이란 족속 자체가 기본적으로 서로 만나면 서로 싸우고 죽이는 동물적 속성을 버리지 못한 때문이지 모르겠지만, 이 땅의 선비들은 죽는 순간에도 죽음을 피하지 않고 언제 어떻게 죽느냐를 더 중요시한 것 같다. 즉, 인간의 본질을 사후에 이승에서의 업보에 따라 인간으로 다시 태어나거나 짐승으로 환생한다는 윤회설을 믿고 대의명분을 강조한 것 같다. 이런 윤회사상과 대의명분은 동양뿐만이 아니라 오랜 옛날부터 서양에도 인식되었던 것 같다.

그리스신화에서 올림포스 신의 우두머리인 제우스(Zeus)는 형제들과 합심하여 아버지 크로노스를 타도하고, 자신은 하늘을, 포세이돈은 바다를, 그리고 하데스는 지하세계를 각각 지배하게 되었다. 제우스는 누나인 헤라(Hera)와 정식으로 결혼한 외에도 수많은 여신들과 사이에서 이루 다 셀 수 없을 만큼 많은 자녀를 낳았다.

페르세포네(Persephone)도 그의 누이이자 아내인 데메테르와의 사이에서 태어난 딸이다. 그리스신화를 쓴 호메로스(Homeros : BC 8~9세기)의 '데메테르에게 바치는 찬가(Hymn to Demeter)'에서는 페르세포네가 니사의 계곡에서 꽃을 꺾다가 지하세계를 지배하는 하데스에게 붙잡혀 지하세계로 가게 된 이야기를 소개하고 있다.

어느 날, 페르세포네가 시칠리아 섬의 엔나 골짜기에서 꽃을 꺾고 있을 때, 하데스가 그녀를 보고 한눈에 반해서 납치하여 겁탈해 버렸다. 죽음의 나라 지하세계를 다스리는 신 하데스(Hades)는 제우스의 동생이지만, 살아있는 모든 생물들의 적이어서 신이나 인간 모두 그를 꺼려했다. 또, 하데스와 페르세포네와는 숙부와 조카딸의 관계이기도 하지만, 당시에는 그런 윤리 관념이 없었던 것 같다.

한편, 딸의 행방을 찾아 헤매던 데메테르는 마침내 하데스가 납치해 갔다는 사실을, 그것도 남편 제우스가 딸의 납치를 승낙했다는 것을 알고 화가 나서 그녀 자신이 곡식과 농사의 신인 능력을 발휘하여 땅에서 나는 모든 곡식이 사라지게 만들었다. 그리고 마차를 타고 하늘로 올라가서 제우스에게 강력하게 항의했다.

제우스는 데메테르의 분노로 지상의 모든 곡식들이 열매를 맺지 않게 되자, 전령사 헤르메스를 하데스에게 보내어 페르세포네가 봄부터 가을까지는 세상으로 나와서 어머니와 함께 지내고, 겨울동안은 다시 지하세계로 돌아가서 남편 하데스와 지내도록 하는 타협안을 전하도록 했다. 그 결과 페르세포네는 지하세계의 여왕이 되어 하데스와 함께 머리가 셋 달린 개 케베로스(Keberos)의 보호를 받으며 살다가 봄이 되면 지상으로 나와서 머물게 되었다. 이후부터 곡식과 농사의 신 데메테르는 꽃이 피고 곡식이 싹트고 열매를 맺게 했고, 딸이 다시 지하세계로 돌아가면 겨울이 되었다.

결국 페르세포네는 곡물의 씨앗을 의미하는 그리스신화로서 페르세포네가 땅속에 묻힘으로서 그 모습을 감춘다는 것은 지하세계의 신 하데스에게 납치되는 것을, 봄이면 다시 싹이 트고 세상에 나오는 것을 봄의 여신이 다시 따뜻한 어머니의 품으로 돌아오는 것으로 묘사한 것이다. 이처럼 고대 그리스인들의 철학적이고 비유적인 신화에 다시 한 번 감탄하게 되는데, 그런 신화를 창조해낸 소아시아 출신 호머로스의 상상력이 놀랍기만 하다. 지금 밤낮없이 적폐청산과 이념갈등으로 싸우는 것을 지켜보면서 화무십일홍(花無十日紅)이요 권불십년(權不十年)이라는 말과 함께 제발 나라의 안위와 백성들의 염원을 생각해 보았으면 싶다. 새봄에는 페르세포네가 엄마를 찾아 땅위로 올라오듯이 환하게 웃으며 꽃피고 열매 맺는 계절이 되기를 바란다.

-2018. 4.19. 고시 위크 칼럼-

10. 산울림

그리스신화에서 나오는 달의 신 아르테미스(Artemis)는 그리스의 주신 제우스와 레토(Leto) 사이에서 아폴론과 쌍둥이 남매로 태어난 여신이다. 요즘 말로 표현하면 이란성 쌍둥이인 셈인데, 아폴론(Apollon)은 자라서 태양의 신이 되었다. 아르테미스는 달의 신이 되었는데, 달이 점점 커지다가 기울 때의 모양이 활의 모습과 비슷하다고 하여 항상 활을 들고 있거나 머리에는 초승달 모습이 매달려 있는 것으로 그려지고 있다. 아르테미스는 로마시대에는 다이나(Dina)라 이름이 바뀌는데, 그녀는 숲속에서 살면서 산짐승의 수호신이자 사냥의 여신이 되었다.

그런 아르테미스가 사냥을 하거나 숲과 언덕을 돌아다닐 때면, 아름다운 요정 에코(Echo)가 항상 그녀를 수행했다. 그러나 에코는 말이 너무 많아서 항상 씨부렁거리는 나쁜 버릇이 있었다.

어느 날, 헤라가 남편 제우스가 바람피우는 것을 뒷조사하려고 찾아 나섰다가 공교롭게도 에코를 만나게 되었다. 그러나 에코가 지껄이는 말을 듣는 사이에 제우스와 함께 즐기던 요정들이 모두 달아나자, 헤라는 에코가 제우스의 밀회를 돕기 위해서 자기를 따돌리려고 일부러 오랫동안 수다를 피운 것으로 알고 크게 화를 냈다. 그리고 에코에게 앞으로는 먼저 말하지 못하고 오직 다른 사람이 말을 한 뒤에 대답만 할 수 있는 벌을 내렸다. 그 뒤부터 에코는 좋아하던 수다도 떨 수 없고, 다른 사람이 하는 말에 대답 밖에 할 수 없는 반벙어리 신세가 되어 버렸다.

그러던 어느 날 에코는 사냥을 나온 미남 나르키소스(Narcissus)를 보고 첫눈에 반해 버렸다. 나르키소스는 많은 소녀들로부터 구애를 받았으나, 누구의 마음도 받아주지 않다가 결국 복수의 여신 네메시스로부터 자기 자신과 사랑에 빠지는 벌을 받았다. 나르시스는 수선화의 꽃말이기도 하다.

아무튼 에코는 나르키소스의 뒤를 졸졸 따라다니면서 그에게 말을 걸어보려고 했지만, 말이 입 밖으로 나오지 않았다. 그렇게 혼자서 나르키소스를 짝사랑하던 어느 날, 사냥을 하던 나르키소스가 멀리 떨어진 다른 친구들을 큰 소리로 불렀다.

'거기 누구 없냐?'

그러자, 에코가 할 수 있는 말은 나르키소스의 말을 따라서 '거기 누구 없느냐?"는 말 뿐이었다. 에코의 큰 소리에 깜짝 놀란 나르키소스는 주위를 살펴보았지만, 아무도 없자 이상하게 생각하면서 다시 한 번 더 '누가 있으면 대답 좀 해봐라'하고 말했다. 에코 역시 나르키소스의 말을 따라서 '누가 있으면 대답 좀 해봐라' 하는 것에 그쳤다. 안타까운 마음이 된 에코는 용기를 내어 나르키소스에게 달려가 품에 안기려고 하였지만, 깜짝 놀란 나르키소스는 에코를 떠밀어 버렸다. 부끄러워진 에코는 얼굴이 빨개져서 깊은 산속으로 숨어 버렸다.

그 후 에코는 깊은 산속의 동굴이나 절벽에서 외롭게 살다가 점점 야위어 마침내 죽어버렸다. 그녀의 뼈는 바위로 변하고 남은 것은 목소리뿐이었다. 우리에게 '산울림 혹은 메(山)아리'라고 하는 것은 에코의 목소리가 남은 것이다.

산울림

까치가 울었다.
산울림
아무도 못 들은
산울림

까치가 울었다.
산울림
저 혼자 들었다.
산울림

윤동주님의 [산울림]이라는 짧은 시를 생각하면서 다음 주 초 그 메아리가 들리기를 기다린다. 아직 나는 입이 있어도 말 할 수 없는 에코와 다를 바가 없기 때문에…….

-2013. 8.19. 리걸 인사이트 칼럼-

11. 바카스 단상

날씨가 점점 무더워지는 여름철에는 사무실을 찾아온 방문객들과 상담할 때, 따뜻한 커피나 녹차 대신 시원한 드링크를 한 병씩 건네주고 있다. 더러는 시원한 얼음조각이 들어있는 냉커피를 찾는 이도 있지만, 대개는 그 드링크를 받아든다. 또, 어떤 이들은 시원한 냉수를 찾기도 하는데, 사실 나 자신도 커피나 드링크류를 거의 마시지 않고 오로지 차가운 냉수만 일 년 열두 달 마시는 편이다. 그런데, 언제부턴가 우리 한국인들이 일 년 사계절 가장 즐겨 마시는 드링크가 바카스(Bacchus)라고 한다. 물론, 요즘은 비타××라는 드링크도 바카스에 버금가는 인기가 있다.

지금까지 알려진 것 중 가장 오래된 그리스신화는 호메로스의 일리아스(Ilias), 오디세이아(Odysseia : BC 9~8세기)와 호메로스와 동 시대에 살았던 헤시오도스의 신통기(Theogony)와 일과 나날(Works and Days)이라는 2편의 시이다. 그리스인들은 신화를 신성시하고 영원한 진리를 나타내며, 또 트로이 전쟁처럼 서사시로 묘사된 유명한 사건과 호메로스의 시에 나오는 주인공 등 신화의 내용을 사실이며 실존하는 인물로 받아들였으며, 그리스 신화는 이후 많은 연극작품을 비롯해서 서사시의 주제를 이루었으며, 철학자와 역사가의 사상에도 큰 영향을 주었다. 로마가 세계를 정복한 이후 로마인들은 제우스(Zeus)를 주피터(Jupiter)로 바꾸는 등 모든 그리스 신을 이름만 바꿔서 숭배했는데, 그래서 로마인들은 그리스인들보다 창의성이 부족하다고도 말한다.

아무튼 로마신화에서 나오는 술의 신 바카스의 그리스신 이름은 디오니소스(Dionysos)인데, 술의 신 바카스를 상품명으로 사용한 제조사의 아이디어가 참으로 기발하다. 이것은 아마도 술을 마신 뒤 드링크를 마시고 숙취에서 빨리 깨라는 의미에서 붙인 이름 같은데, 그리스 신화에서 디오니스의 출생은 약간 비극적이다. 즉, 바람둥이 제우스의 누이이자 본처인 헤라는 제우스가 신이 아닌 인간인 처녀 세멜레를 사랑하는 것을 알고, 세멜레를 찾아가서 '제우스에게 진짜 제우스라면 본모습을 보여 달라고 요구하라'며 꼬드긴다. 그 말을 그대로 믿은 세멜레는 제우스에게 본모습을 보여 달라고 조르니, 제우스가 실체를 드러내자 뇌성벽력과 함께 불타는 듯한 모습을 보이니, 세멜레는 그 불에 타 죽고 만다. 그때 제우스는 죽어가는 세멜레의 뱃속에 든 6개월 된 아기를 꺼내서 자신의 넓적다리에 넣고 다니다가 열 달이 지나자 태어난 아기가 디오니소스라는 것이다.

이렇게 태어난 디오니소스는 자라면서도 헤라의 박해를 받다가 이집트와 시리아를 헤매게 되는데, 다행히 프리기아의 여신 레아를 만나 그녀로부터 비교 의식을 배우게 된다. 이후 디오니소스는 포도 재배와 더불어 술의 신이 되어 먼 훗날, 이성적인 아폴론과 비교하여 예술의 격정적 · 본능적인 창작충동을 구현하는 감성의 상징으로 평가받고 있다.

어떻든, 그리스신화에서 짐승의 모습과 비슷하다고 설명되는 판(Pan)·사티로스(Satyros)·실레노스(Silenos) 등은 항상 디오니소스를 따라다녔는데, 어느 날 프리기아의 미다스(Midas) 왕이 실레노스를 극진히 대접하게 되었다.

프리기아는 오늘 날 지중해 동쪽인 터키쯤에 있던 나라로서 가난한 농부이던 고르디우스가 여러 사람의 추대를 받아 왕이 되었다. 고르디우스는 왕으로 즉위할 때 아내와 자식들을 태운 마차를 묶어 두고 신전에 올라갔다고 하는데, 이것이 유명한 고르디우스 매듭(Gordian Knot)이다. 이것은 아마도 사사로운 정에 사로잡혀 국정을 잘못 이끌까 염려되어서가 아닐까?

고르디우스 왕은 아무도 풀지 못할 이 매듭을 푸는 사람이 아시아를 차지할 것이라는 예언을 남긴 왕으로 유명하지만, 먼 훗날 마케도니아의 알렉산더 대왕이 이 매듭을 단칼로 잘라버린 뒤 아시아를 정복했다고 전한다.

그런데, 디오니소스가 고르디우스 왕의 뒤를 이어 임금이 된 아들 미다스 왕에게 자신을 따르는 실레노스를 환대해 준 것에 감사하며, 한 가지 소원을 들어주겠다고 말한다. 미다스 왕은 그가 만지는 것은 모두 황금으로 변할 수 있게 해달라고 말하니, 디오니소스는 쾌히 승낙한다. 그 이후 정말 미다스 왕이 만지는 것마다 모두 황금으로 변했다. 왕이 식사를 하려고 손을 대는 빵이며, 우유, 포도주는 말할 것 없고, 심지어는 사랑하는 아내며 공주까지 모두 황금으로 변했다.

하지만, 왕이 손으로 만지는 대로 모든 것이 황금으로 변해 버리자, 마침내 먹을 것이 없어서 굶어 죽을 지경에 이르게 되니,

미다스 왕은 디오니소스에게 다시 이전처럼 되돌아 갈 수 있게 해달라고 사정했다. 디오니소스는 미다스 왕에게 팍트롤로스 강이 발원하는 곳에 가서 몸을 담그고 목욕을 하라고 일러주었다.

왕이 그대로 따르니 다시 예전처럼 되었다. 그러나 팍트롤르스 강의 모든 모래가 황금으로 변했다고 한다.

그 후 미다스 왕은 왕위를 버리고 시골에서 살았는데, 요즘 '미다스 왕의 손길(Midas Touch)' 혹은 '마이다스의 손'이라는 말은 오늘날 벌이는 사업마다 큰 성공을 이루는 백만장자를 가리키는 말로 표현되기도 한다. 그런 전지전능한 술의 신 바커스를 마신 뒤 지쳤던 내 육신이 황금으로 변하는 것까지는 바라지 않지만, 홀가분한 정신으로 만들어 주었으면 좋겠다. 요즘 날씨가 너무 무덥다.

-2013. 7. 20. 리걸 인사이트 칼럼-

12. 땅 따먹기 한 수

요즘 재테크 수단으로 부동산경매 법정을 찾는 사람이 크게 늘어났다. 부동산경매는 법원이 채권자의 신청을 받아 채무자의 부동산을 압류한 뒤 절차에 따라서 매각한 돈으로 채권자의 빚을 받아주는 제도로서 경매사건의 증감은 우리 경제의 형편을 말하는 척도가 된다.

부동산경매는 법원이 매각에서부터 인도집행까지를 주관하기 때문에 부동산을 값싸게 그리고 안전하게 취득할 수 있는 가장 좋은 방법이긴 하지만, 그 이면에는 수많은 가정이 풍비박산돼 길거리에 쫓겨나는 우리 사회의 어두운 그림자를 보여주는 양면성을 갖고 있다. 그러나 다른 한편으로는 은행의 저리에 만족하지 못하고 고수익을 찾는 투자자들에게 단기간에 매매차익을 얻을 수 있는 훌륭한 재테크 수단이고, 또 적은 돈으로 보다 나은 부동산을 찾는 실수요자들에게도 알맞은 경매법정은 수많은 채권자와 이해관계인들이 뒤엉켜 있어서 사실 경매절차를 제대로 알지 못한 채 뛰어들었다가는 큰 손해를 입기 십상인 위험한 부동산시장이기도 하다. 또, 최근 단돈 20만 원으로 경매를 시작해서 2년 만에 300억 원의 재산을 모았다는 사기꾼이 활개 치는 곳이 부동산경매시장이다.

채권자가 경매를 신청하면 법원은 가장 먼저 그 부동산등기부에 경매개시결정 사실을 등기하는데, 이것은 법적으로 경매부동산을 압류하는 효력이 있다. 따라서 혹시라도 경매개시결정 사실이 등기된 부동산을 매수한 사람은 나중에 그 부동산이 경락되면, 이전 등기한 소유권은 직권말소 되어 고스란히 집을 날리는 손해를 입게 된다.

법원은 경매부동산에 대한 감정평가를 거쳐서 경매가격을 결정하는 한편 모든 채권자들에게 권리신고와 배당요구 할 것을 통지해서 경매기일에 낙찰이 되면 그 경매대금으로 법정 순위에 따라 배당순위를 정한다. 그러나 이때 만일 경매를 신청한 채권자의 순위가 밀려서 한 푼도 배당받지 못하게 될 때에는 채권자의 경매신청을 '무잉여 기각' 해버린다. 또 처음에는 단 몇 푼이라도 경매를 신청한 채권자에게 배당될 돈이 있다면 경매를 시작했다가 유찰되어 점점 경매가격이 낮아져서 결국 경매신청한 채권자에게 돌아갈 금액이 없게 되면 역시 경매신청을 각하하게 된다.

여기에서 중요한 경매의 기준이 되는 감정가격은 법원의 감정평가명령을 받은 감정평가사가 부동산의 상황은 물론, 인근 부동산중개업소에서 실제 거래동향 등 여러 절차를 거쳐서 조사 보고한 가격이다. 이때 감정평가사는 대개 실거래 가격의 80% 정도를 감정가격으로 하고, 법원은 특별한 사정이 없는 한 감정인이 보고한 감정가격을 1차 경매가격으로 결정하기 때문에 이론상으로는 1차 경매기일에 낙찰 받는다 하더라도 시가보다 20%정도 싸게 매수하게 되는 셈이다. 하지만 매매차액을 노리는 투자자들은 그보다 더 떨어진 가격에 낙찰 받으려 하기도 하고, 다시 처분하기 좋은 부동산에는 많은 사람들이 경쟁하기도 한다.

유념할 점은 경매신청 후 감정, 현황조사, 권리신고 절차를 거치는 법정기간이 2개월인데다가 부동산경매사건의 순서상 경매를 신청한 후 6개월 이상 지나야만 비로소 첫 경매가 열린다는 사실이다. 따라서 1차 경매가격은 최소한 그 부동산의 6개월 전 거래가격의 80% 수준이라는 것을 기억해야 한다. 가령, 2004년 10월 행정수도 이전에 대한 위헌소송이 신청되기 전까지 공주·연기지역은 투기 열풍으로 부동산 가격이 천정부지였는데, 만일 그 무렵에 그 지역의 어느 부동산이 경매 신청되었다면 당연히 그 높게 평가되어서 경매가격이 결정되었을 것이다.

그러나 행정수도 이전에 대한 위헌결정으로 부동산가격이 폭락한 이후에 경매기일이 공고 되었다면, 1차 경매기일은 물론 그 이후 5~6차례 즉 5~6개월 동안 경매가 유찰이 되더라도 경매가격은 실제 거래가격을 반영하지 못하는 것이어서 부동산시장은 한없는 침체에 빠지게 된다. 이런 상황을 알지 못한 채 단순히 1차 경매가격(흔히 '법사가격'이라고 한다)대비 공고된 경매가격의 비율(흔히 '낙찰가율'이라고 한다)만 계산해서 응찰했다가는 큰 손해를 입게 될 것이다. 반면에 경기불황으로 부동산시장이 침체되었을 때 경매 신청된 부동산이라면 감정가격도 당연히 낮게 평가되겠지만, 경매기일이 공고될 무렵에 경기가 회복되는 국면이라면 그 부동산은 경락자에게 큰 이문을 남기는 물건이 될 것이다.

-2010.06.09. 금강일보-

13. 굶겨 죽인 소

법원에서 주관하는 경매는 한마디로 채권자의 신청에 의하여 채무자의 재산을 매각하는 공개시장이다. 따라서 법원에 의한 채무자의 재산을 처분하는 빚잔치인 경매시장은 채무자에 대한 다수의 채권자가 있기 때문에 각 채권자의 우선순위는 어떻게 결정되며, 어떻게 배당하게 되는지 등에 대하여 엄격한 절차에 의해서 진행된다.

그런데, 경매되는 채무자의 재산은 반드시 부동산만 한정하는 것이 아니라 가재도구나 가축 같은 동산도 경매대상이 되며, 부동산경매는 법원의 경매법정에서 진행되지만, 동산경매는 그 동산이 소재한 현지에서 진행되는 차이점이 있다. 또, 부동산경매는 원칙적으로 경매기일에 경매대금의 10%를 경매보증금으로 낸 뒤, 낙찰이 되면 1개월 이내에 잔금을 내면 되지만, 동산경매에서는 경락이 되면 즉시 경매대금 전액을 내야 한다.

최근 IMF 외환위기 이후 경기불황으로 빚을 갚지 못하는 채무자가 격증하여 사회문제화 되고 있으나, 채무자가 부동산이 없자 채무자의 동산에 대한 경매를 신청하는 사례가 크게 늘어나고 있다. 물론, 부동산이 있다고 하더라도 채무가 소액이어서 부동산경매가 아닌 동산경매를 신청하는 경우도 많다. 그런데, 더러 경매절차를 이해하지 못한 채무자의 잘못된 판단으로 빚도 갚지 못한 채 자기의 소중한 재산인 가축을 죽이는 사례를 경험하기도 한다. 내가 집행관을 하면서 직접 경험한 사례 중 사료대금을 갚지 않으려고 꼼수를 생각한 어느 축산농 A가 빚을 갚기는커녕 자신의 재산 전부라고 할 어미 소까지 죽이는 손해를 지켜보면서 그것을 자업자득이라는 생각하는 것은 너무 가혹한 마조히즘일까?

A는 새끼 송아지 몇 마리를 구입하면서 축협과 외상으로 사료를 공급받고 나중에 한우가 자라면 팔아서 사료대금을 변제하기로 사료 공급계약을 맺고 공증까지 마쳤지만, 경기불황을 이유로 대금을 갚지 않자 축협은 미리 공증해둔 공정증서로 강제집행을 신청했다. 그러나 A의 재산이라곤 축사에 남아있는 한우 몇 마리뿐이었다. 결국 그 한우들을 압류하여 동산경매를 신청했는데, 이때 압류는 한우의 귀에 매단 인식표에 압류표지를 부착하는 방법으로 진행한다. 그런데, 채무자는 말도 되지 않는 이유를 내세우며 축협을 상대로 강제집행에 대한 이의신청을 제기하고, 1.2심 재판에서 모두 패소했다.

결국 중지했던 경매절차가 다시 진행되었는데, 그 사이에 채무자 A는 압류했던 어미 소 대부분을 팔아치우고 대신 구입한 송아지로 숫자만 바꿔치는 비양심적인 태도를 보였다. 물론, 채무자 A의 이런 소행만으로도 형사처벌 대상이었지만, 축협은 아무런 이의를 제기하지 않아서 다시 그 송아지에 대한 압류와 감정을 거쳐서 경매절차는 진행되었다. 하지만, 더 이상 잔꾀를 낼 수 없게 된 채무자 A는 그나마 남은 소들까지 경매로 빼앗길 것을 각오했는지, 송아지에 대한 감정절차로 지체되는 동안에도 사료조차 주지 않아서 1차 경매기일에 현장에 가보니 송아지들은 배가 푹 꺼지고 갈비뼈만 앙상하게 드러난 채였다. 당연히 응찰자가 나타나지 않아서 유찰되었다.

원칙적으로 동산경매는 한 달에 한 번씩 열리지만, 채권자인 축협의 요청도 있고 또 소들의 상황이 너무 나빠서 그 사건만 특별히 경매기일을 정하기로 했다. 며칠 후 2차 경매를 하러 현장에 나가니, 첫 경매기일에는 소를 경락받아서 싣고 갈 요량으로 수십 명의 응찰자들이 각자 트럭까지 끌고 왔던 것과 달리 그날은 썰렁했다. 아마도 첫 경매기일에 앙상하게 마른 소들을 보고 경매를 단념한 때문일 것이다.

하지만, 경매진행을 위하여 축사 안으로 들어가서 살펴보니, 불행히도 어미 소 한 마리가 죽어 있었다. 누군가가 '아침까지도 살아 있었는데, 금방 숨이 끊어진 것 같다'고 말했다. 열이틀 사이에 경매가격은 20%나 떨어졌지만, 그동안 더 앙상하게 마른 소를, 그리고 굶어 죽은 소를 경매 받을 사람은 없다. 그러자 채권자인 축협에서는 나머지 소에 대한 경매신청을 취소해버렸다. 결국 채무자는 빚을 갚지 않으려고 반년이상 소송을 벌였으나 아무런 성과도 없었을 뿐만 아니라 압류된 소를 빼앗길 것으로 알고 먹이도 주지 않아서 굶어죽게 했지만, 채권자는 경매신청이후 경락자가 경락대금을 낼 때까지는 언제든지 경매신청을 취하할 수 있다는 사실을 알지 못한 탓에 무고한 소를 죽이고, 빚만 고스란히 남는 상황을 맞은 것이다.

-2017.03.27. 리걸 인사이트 칼럼-

14. 1원의 마술

세상을 살면서 그런 일을 당하지 않아야 하겠지만, 살다보면 다른 사람에게 빚을 제 때 갚지 못해서 소송을 당하고 살던 집이 경매 당하는 경우도 많다.

법원이 주관하는 부동산경매는 판결이나 공증을 한 공정증서를 원인으로 하여 경매하는 강제경매와 아파트 등에 근저당이나 전세권 등을 설정한 채권자의 경매로 진행하는 임의경매로 나뉘는데, 전자는 채무자의 부동산은 물론 동산, 자동차, 월급을 망라한 전 재산을 경매할 수 있지만, 임의경매는 채무자의 재산 중 특정재산에 대해서만 다른 채권자에게 우선하여 변제받을 권리를 권리에 근거하는 것이라는 점에서 차이가 있다. 따라서 임의경매에서는 근저당권이나 전세권 등을 등기한 순서에 크게 좌우되지만, 사실상 아파트 한 채가 전 재산이라면 강제경매나 임의경매에 그다지 큰 차이는 없다.

결국 부동산경매는 채권자와 채무자 사이에서 법원이 중개인이 되어서 채무자의 부동산을 처분하여 빚잔치를 해주는 절차이고, 근래에는 경매부동산을 취득하려는 사람 중 실수요자보다는 한 푼이라도 싸게 낙찰을 받아서 한 푼이라도 더 비싸게 팔아서 그 시세차액을 얻으려는 사람들이 더 많다. 사실 부동산경매시장은 이렇게 되팔려는 사람들이 많은 부동산시장이어서 이해관계가 그 어느 곳보다 첨예하게 대립되고 있다.

채권자가 경매를 신청하면 법원은 우선 채권자들의 총채권액이 얼마인지를 확정하는 한편, 그 부동산가액이 얼마인지를 평가해서 경매할 것인지 여부를 결정하게 된다. 채권자들의 채권총액이 확정되고, 경매대상이 된 부동산을 감정평가한 결과 만일 경매를 신청한 채권자보다 선순위채권액이 부동산감정평가액보다 많은 경우에는 경매를 신청한 채권자에게 돌아갈 이익이 없게 되어서 경매절차를 진행하지 않는다.

이런 취지에서 처음에는 단 몇 푼이라도 경매채권자에게 배당이 가능해서 경매절차가 진행되었지만, 경매기일에 유찰되면서 점점 경매가격이 낮아져 경매를 신청한 채권자에게 배당될 금액이 한 푼도 없게 될 경우에도 법원은 경매절차를 취소시킨다.

아무튼 경매부동산을 낙찰받기 위해서는 공고된 부동산의 경매가격과 그 부동산의 실제 거래가격을 비교해서 응찰 여부를 결정하기 마련인데, 대체로 최초의 경매기일에 공고되는 경매가격(속칭 '법사가격'이라고 말한다)은 시가의 80% 정도에서 결정된다. 따라서 1차 경매기일에 낙찰 받는다 해도 논리적으로는 약 20% 가량의 시세차액을 얻을 수 있지만, 경매하려는 이들은 어느 누구도 이에 만족하지 않고 더 많은 매매차액을 얻으려고 한다. 물론, 응찰자는 먼저 경매기록을 열람신청해서 권리관계, 법적 제한사항 등을 조사하는 권리분석 못지않게 직접 현장을 답사하는 것이 아주 중요하다.

현장에 나가보면 감정인의 감정평가서나 집행관의 현황조사서에 기재된 내용이나 첨부된 사진 등에서는 얻을 수 없는 도로며, 인접한 건물, 위치 등 구체적인 상황을 통해서 새로운 자료를 많이 얻을 수 있다. 또, 더러는 경매를 당하는 채무자가 가장(假裝) 임차인을 만들어서 경락자에게 최우선변제권을 주장하기도 하고, 허위의 유치권자인 여부를 판단하기 위해서 가능하다면 입주자는 물론 인근 부동산중개업자, 주민들로부터 얻는 정보도 아주 소중하다. 사실 경매부동산에 신고 된 유치권자는 경매응찰을 저지하려는 가장채권자가 대부분이어서 시간과 비용을 들여서라도 이들과 유치권부존재확인 혹은 사해행위취소소송 등을 제기하려는 각오를 하면, 의외로 큰 매매차익을 얻을 수도 있다.

그러나 부동산경매에서 아마추어라 해도 아주 작은 테크닉 하나만으로 의외의 결과를 얻을 수 있다.

응찰자는 경매기일에 입찰봉투에 자신이 응찰하고자 하는 가격과 입찰보증금액을 기재한 입찰표와 입찰보증금을 별도의 봉투에 각각 넣고, 입찰표와 입찰보증금 봉투를 대봉투에 넣어서 제출해야 하는데, 입찰보증금은 공고된 경매가격의 10%만 납부하면 된다. 다만, 낙찰후 경매대금을 내지 않아서 재경매된 경우에는 입찰보증금이 경매가격의 20%로 법정되어 있다. 이때 입찰봉투에 넣는 입찰보증금은 반드시 10% 금액을 의미하는 것이 아니라 수표나 고액권이어서 10% 이상을 넣은 경우에도 유효하며, 만일 낙찰이 된 경우에는 10%를 초과한 차액은 반환해주고, 탈락될 경우에는 전부를 되돌려 받게 된다.

경매집행관은 응찰자가 제출한 입찰표와 입찰보증금봉투의 기재사항, 보증금액수의 정확 여부를 조사한 뒤 최고가를 기재한 사람에게 낙찰을 선언하는데, 의외로 동일한 금액으로 응찰한 사람들이 많다. 이때 대부분의 응찰자들은 수억 원의 경매부동산에 대하여 십만 원 이하의 숫자까지 기재하지 않고 만원 단위로 기재하는 것이 보통인데, 이 점을 감안해서 가급적 십단위, 혹은 단 단위 금액까지 기재한다면 의외로 좋은 결과를 얻을 수 있다.

즉, 甲은 3억 원으로만 기재하고, 乙은 3억 1천만 원, 丙은 3억 1천 1백만 원, 丁은 3억1천1백1십만 원으로 기재하고, 戊가 3억 1천 1백 1십만 1원을 적어냈다면, 戊는 단1원을 더 기재한 덕택에 수억 원에 이르는 경매부동산의 최고가 낙찰자가 될 수 있는 것이다. 만일 동일한 금액으로 응찰한 사람이 여럿인 경우에는 그 응찰자들을 대상으로 다시 입찰표를 제출받는데, 응찰자들은 반드시 직전에 자신이 기재했던 금액 이상의 가격을 제시하여야 한다.

-2013.5.7. 리걸 인사이트 칼럼-

15. 현금 없이 경매 받는 법

부동산경매는 한마디로 법원이 채권자와 채무자 사이에서 채무자의 재산을 팔아서 빚잔치를 해주는 절차이다. 이때 채무자의 재산을 처분한 금전이 채권자들의 채권액보다 많을 경우에 법원은 채권자의 각 채권액을 나눠주면 되지만, 만일 매각대금으로 채권자의 채권액을 충복시키지 못하게 될 경우에는 우선순위에 따라서 나눠주게 된다. 전자를 지급이라 하고, 후자를 배당이라고 하는데, 법원실무에서는 배당하는 경우가 대부분이다. 따라서 채권자 각 채권의 우선순위가 가장 중요시된다.

우선 채권자로부터 경매신청이 있으면 경매할 부동산의 가격을 감정하게 되는데, 부동산의 시가감정은 기본적으로 감정평가사의 감정에 의한다. 경매법원은 특별한 사정이 없는 한 전문자격사인 감정평가사가 감정한 감정가격을 1차 경매가격(속칭 법사가격)으로 공고한다. 감정평가사는 대체로 시세의 80% 정도 가격으로 평가보고서를 작성하여 제출하기 때문에 응찰자가 1차 경매기일에 낙찰 받더라도 시세보다 20%가량 싼 값으로 매수하게 되지만, 대부분의 응찰자들은 이에 만족하지 않고 훨씬 더 낮은 가격을 바란다. 그렇지만, 시쳇말로 법원이 채무자의 빚잔치를 해주는 경매법정에서 그렇게 큰 이익을 남길 부동산을 차지하려고 생각하는 것부터가 잘못된 생각이다.

현실의 부동산경매시장은 경락받아서 입주하려고 하는 실소유자보다 낡은 아파트나 단독주택을 경락받아서 약간의 손질을 해서 되팔아 차액을 남기려고 하는 주부들이 많고, 또 공사비를 제때 갚지 못해서 채권자로부터 가압류며 유치권 등을 행사해서 정작 경매기일이 공고되었지만 아무도 응찰하지 못해서 가격이 뚝뚝 떨어지는 부동산을 경락받으려고 하는 전문꾼들도 있다. 물론, 유치권이 신고된 부동산의 유치권자들을 '가장유치권'을 이유로 유치권무효나 부존재소송을 제기해서 승소 받거나 선순위 근저당권 등을 인수해서 변제순위를 올린 뒤 경락을 받는 등 약간 수준 높은 경매기법을 이용하면 원하는 '좋은 물건'을 얻을 수 있다.

아무튼 경매기일에 응찰하려고 하는 사람은 자신이 응찰하려고 하는 가격이 얼마이건 관계없이 공고된 경매가격의 10%에 해당하는 금액을 경매기일에 입찰보증금으로 납부해야 한다. 가령, 공고된 경매가격은 2억이지만, 2억5천만 원으로 응찰하려고 할 때에도 입찰보증금은 공고된 경매가격의 10%인 2천만 원만 내면 된다. 다만, 낙찰자가 경매대금을 내지 않아서 재경매하는 경우에는 입찰보증금액이 경매가격의 20%로 올라간다. 부동산경매에 응찰하려는 사람은 경매기일에 경매사건번호와 응찰자의 인적사항, 낙찰 받고자 하는 경매가격, 입찰보증금 내역 등을 기재한 입찰표와 현금이나 수표로 넣은 입찰보증금 봉투를 큼지막한 입찰봉투에 넣어서 제출해야 한다.

그런데, 응찰자 중 여윳돈이 있어서 특별히 자금걱정을 하지 않는 경우는 그다지 많지 않고, 설령 입찰보증금이 있다 하더라도 또 다른 부동산에 응찰하려고 할 때에도 입찰보증금을 준비해야 하는 상황이 생기게 된다. 이때 입찰보증금 대신 경매보증보험증권을 제출하는 방법을 이용할 수 있다. 이 제도는 경매에 참가하고자 하는 사람이 현금을 준비하여야 하는 불편을 해소하여 쉽게 경매에 참가할 수 있게 하는 보증보험상품으로서 서울보증보험(주)에서만 취급하고 있는데, 전국 어느 법원에서 경매를 신청하더라도 자기 집에서 가까운 서울보증보험(주) 본 · 지점에서 신청할 수 있다.

보증증권을 받으려면 신분증, 도장 및 입찰공고문사본을 가지고 상담하면 된다. 물론 신용관리대상이거나 보험사고자 등인 경우에는 보험증권 발급이 제한될 수 있고, 보험가입금액 또는 개인의 신용상태에 따라서 연대보증인 등을 세우게 하는 경우도 있다. 경매보증보험의 범위는 낙찰자로 결정되었는데도 매수대금을 납부하지 않을 경우에 법원이 배당금에 산입시켜야 할 금액을 보상해주는 즉, 경매가격의 1/10을 보증하는 것이다(재매각의 경우에는 그에 따라서 2/10~3/10).

경매보증보험료는 낙찰 받고자 하는 부동산에 따라서 따른데, 가령 아파트는 회전율이 가장 좋아서 0.903%, 단독주택, 연립, 다세대주택, 상가, 오피스텔은 1.806%, 토지, 종교시설, 어업권 · 광업권 등은 4.028%이다(2018.9. 현재). 즉, 낙찰 받고자 하는 아파트의 최저매각가격이 1억 원이고, 입찰보증금 1/10 이라면 보증금은 1천만 원을 제출해야 하는데, 입찰보증금의 보험료는 1천만 원의 0.903%인 9만300원이면 된다.

그러나 만일, 응찰하려는 자가 경매기일 전에 경매를 포기하고 보험증권을 반환하거나 입찰기일 전에 경매절차가 취하 · 취소된 때, 또 보험계약자의 청약내용 고지 오류나 기재 오기 등으로 법원이 보험증권의 수취를 거부한 경우에는 납입한 보험료에서 최저보험료(15,000원)를 공제한 잔액을 환급해준다. 경매보증보험에 가입한 응찰자가 보험료 환급을 청구하려면 경매법원으로부터 보험증권을 사용하지 않았다는 확인서를 받아서 제출해야 하며, 일단 경매입찰에 참가하여 보험증권을 제출했으나 낙찰되지 않았다면 환급되지 않는다.

경매기일에 낙찰된 후 1주일간의 이해관계인의 항고기간이 지나면 법원에서는 입찰보증금을 공제한 잔액을 1개월 이내에 납부하도록 통지하는데, 만일 경매보증보험증권으로 낙찰되었다면 매가대금 전액을 납부해야 한다. 그러나 이때에도 경락자는 금융기관에서 잔금대출을 받아서 소유권이전등기와 동시에 대출금에 대한 근저당권설정등기를 할 수 있으며, 금융기관에서의 경매잔금 대출은 경기상황에 따라서 대출비율이 다르지만 대체로 제1금융권에서는 경락대금의 70% 안팎을, 제2금융권에서는 90%까지 대출해주기도 한다.

물론, 이렇게 경매대금의 거의 전액을 다른 사람의 자금으로 경매 받은 뒤 즉시 매각이나 임대 같은 자금회수가 용이하다면 이보다 더 손쉬운 재테크가 없겠지만, 만일 처분이나 임대가 늦어질 경우에는 원리금 부담으로 큰 낭패를 당하는 경우가 있으므로 최소한 경매하고자 하는 부동산가격의 60%는 확보해두는 자세가 필요하다. 경매대금의 전액을 대출금과 같은 빚으로 시작하려는 생각은 매우 위험한 발상이다.

-2013.05.07. 리걸 인사이트 칼럼-

16. 경매대금 내는 기술

요즘은 모든 분야가 전문화된 시대여서 심지어 식사를 하거나 잠을 자는데도 특별한 노하우가 있다고 말하는 세상이지만, 부동산경매에서도 경락받은 경매대금을 내고 부동산을 넘겨받는 데에도 특별한 노하우가 있다.

경락자는 경매기일 후 경매에 관하여 이해관계인의 1주일간 항고기간을 거쳐서 경매허가결정이 확정되면 경매대금의 납부의무가 발생하게 된다. 경매허가결정에 대하여 불복하는 사람은 이 기간 중에 즉시항고장을 제출해야 하며, 즉시항고를 제기하려면 반드시 항고보증금을 내야 한다. 여기에서 경매절차의 하자라고 함은 가령, 채무자가 경매기일 통지를 받지 않은 채 진행되거나 경매기일 공고가 위법한 경우, 경락이 되더라도 경매채권자에게 배당될 금액이 없는데도 경매를 진행한 경우(속칭 무잉여 기각사유), 경매기일 변경 후 착오로 최저매각가격을 저감한 경매기일에 유찰된 후 다른 기일에서 이루어진 경매허가결정이 확정된 경우 등 경매절차상의 모든 하자가 경매허가결정의 확정으로 치유되는 것이다.

둘째, 경매허가결정이 확정되면 법원은 1개월간의 기한을 정해서 경매대금을 낼 것을 명하는데, 이 명령은 법원의 재판이어서 경매허가결정으로서 경매절차의 하자는 치유되고, 경락자에게 매각대금의 납부의무가 발생한다. 가령, 경락자가 낙찰 후 제3자에게 경매부동산을 전매했더라도 납부의무자는 여전히 경락자이고, 경락자는 일방으로 경락을 포기할 수 없다. 또, 경락자가 1개월 이내에 언제든지 매각대금을 납부하면, 아직 소유권이전등기를 하기 전이라도 그날부터 부동산의 소유자로 인정되는 특별 규정이 있다.

셋째, 경매대금은 경락자가 경매기일에 낙찰 받으려고 써낸 금액이지만, 경매기일에 냈던 입찰보증금 10%(재경매시에는 20%)는 경매대금으로 흡수되므로 경락자는 그 차액만 내면 된다. 만일 입찰보증금을 보증보험증권으로 냈다면, 증권의 효력은 입찰보증금을 보증하는 효력뿐이어서 경락자는 경매대금 전액을 내야한다.

그런데, 낙찰자가 자금여유가 있다면 경매대금 잔액을 전부 현금으로 낼 수 있지만, 그렇지 못한 경락자에게는 경매대금을 내는데 약간의 기술이 있다.

첫째, 경매를 신청한 채권자가 경락을 받은 경우에는 받을 채권액과 경매대금의 상계신청을 할 수 있다. 상계신청은 반드시 경매기일 후 1주일 이내에 제출해야 하며, 상계할 금액은 자신이 받을 채권 전액이 아니라 배당순위에서 실제 배당받게 될 금액의 범위에 한한다. 만일 경매대금이 받을 돈보다 많다면 상계신청 후 그 차액만 내면 된다.

둘째, 경락자는 세입자나 근저당권자 등 다른 채권자의 채권을 인수한다는 채무인수계약서를 법원에 제출하여 대금납부에 대신할 수 있다. 이때에도 채권 전액을 인수하는 것이 아니라, 가령 임차인이 보증금 중 임차인이 배당받을 금액을 한도로 한다.

셋째, 경락자가 납부기일까지 경매대금을 내지 않을 경우에 차순위매수신고인이 있다면, 차순위매수신고인에게 경매허가결정을 한다. 이것은 경락자가 낸 입찰보증금을 몰취하여 차순위매수신고인의 응찰액을 합치면 결국 당초 경락자가 써낸 응찰가액을 초과해서 이해관계인에게는 아무런 불이익이 없기 때문에 인정된 제도이다. 만일 차순위매수신고인이 없을 때에는 재경매를 진행하게 된다. 이때에도 경락자는 재경매기일 3일 전까지는 잔금과 그 납부기한 이후 실제 납부하는 날까지의 지연이자와 절차비용을 내면 소유권을 취득할 수 있다. 한편, 차순위매수신고인도 경매대금을 내지 않은 경우에는 재경매를 하게 되는데, 이때에도 매각기일 3일 전까지 당초 경락자와 차순위매수신고인은 경락자의 지위가 중첩되어서 잔금을 먼저 낸 사람이 소유권을 취득할 수 있다.

넷째, 경락자는 잔금을 완납하면 아직 소유권이전등기를 마치지 않았더라도 소유자로 인정되는데, 만일 경매잔금을 금융기관에 잔금대출을 신청하는 경우가 많다. 이때에도 경락자는 소유권이전등기와 동시에 은행대출금 설정등기까지 할 수 있다. 사실 실무에서 가장 흔하게 이용되는 방식으로서 대출금은 경기상황에 따라서 다른데, 은행권은 경매대금의 60% 내외, 제2금융권은 70% 내외이지만, 90%까지 대출해주는 경우도 있다. 그러나 경매대금의 60% 이상을 외부자본으로 하는 것은 매우 위험하다.

-2013.5.7. 리걸 인사이트 칼럼-

제3부

문틈으로 들여다 본 바깥세상

1. 미스코리아 선발대회

한국 최고의 미인을 뽑는 '미스 코리아 선발대회'를 앞두고, 지금 지방예선이 한창이다. 해방이 되었으나 뒤이은 6.25. 전쟁으로 3년여를 보내는 등 먹고 사는 것 이외에는 눈을 돌릴 여유가 없던 1957년부터 젊은 여성들이 아름다움을 겨루는 미스코리아 선발대회는 있었다. 근래에는 고학력에 영양상태도 좋아서 건강하게 자란 젊은 여성들이 국제대회에서 좋은 성적을 올리기도 하는데, 이것은 한국인의 미모와 함께 지성미도 세계 어디에 내놓아도 뒤지지 않는다는 반증일 것이다.

사회일각에서는 미스코리아 선발대회를 두고 여성을 상품화하느니 어쨌느니 하며 비난이 많지만, 정작 젊은 여성들은 이를 무시한 채 미인대회 참가를 안달해 하고 있다. 지방자치가 시행된 1995년 이후 각 지자체별로 자기 지역을 소개하려는 홍보 전략의 하나로 이상야릇한 명칭을 붙인 미인 선발대회까지 셀 수 없을 만큼 늘어나서 아름다움을 과시하려고 하는 열정은 해가 갈수록 경쟁이 더욱 치열해지고 있다. 다만, 점잖은 지성인들, 그리고 여성의 상품화를 반대하는 선구적인 여성들의 노력(?)으로 지상파 TV에서 생중계하던 선발대회는 케이블방송으로 넘겨졌지만, 그래도 대중의 관심은 식지 않고 있다.

흔히 세계를 지배하는 것은 남성이지만, 그 남성을 지배하는 것은 여성이다는 말은 성경에서 천하장사 삼손과 그를 유혹한 데릴라의 고사로 설명되고 있지만, 일찍이 그리스 로마신화에서도 아름다움을 시샘하는 여성들 때문에 국제 전쟁이 벌어진 것을 기록하고 있다.

제우스(Zeus)는 아버지 크로노스를 타도하고 자신은 하늘을, 포세이돈(Poseidon)은 바다를, 하데스(Hades)는 지하세계를 지배하게 되었으나, 숱한 여신 및 여성과 사랑을 나누는 바람둥이였다. 제우스는 누이이자 아내인 ②헤라와의 사이에서 ⑨아레스(전쟁의 신), 에일레이티아 · 헤베, ⑩헤파이스토스(불의 신)를 낳고, 메티스에게서 ⑥ 아테네를, 테미스에게서 호라이들과 모이라들, 에우리노메에게서 카리스를, 데메테르에게서 페르세포네를, 레토에게서 ⑦아폴론과 ⑧아르테미스(달의 신, 로마에서는 다이애나), 디오네에게서 ⑫아프로디테 등을 낳았다. 또, 신이 아닌 여성들과 사이에서도 디오니소스 신을 비롯하여 아르카스 · 미노스 · 아르고스 · 페르세우스 · 헬레네 · 다르다노스 · 헤라클레스 · 헤르메스 등을 낳았다.

그런데, 불화(不和)의 여신 에리스(Eris)는 펠레우스와 테티스의 결혼식에 모든 올림프스의 신 중 자신만 초대받지 못하자, 불청객으로 결혼식장에 찾아가 "가장 아름다운 여인에게 준다"며 황금사과를 던졌다. 그러자 제우스의 아내인 질투의 여신 헤라(Hera), 전쟁의 여신 아테나(Athena) 그리고 아름다움의 여신 아프로디테(Aphrodite) 등 세 여신은 서로 황금사과를 차지하려고 다투었다.

제우스는 모두 자기와 밀접한 관계에 있는 여신들이어서 쉽게 결정을 내리지 못하고 결정권을 양치기 목동인 팔리스에게 위임했다. 그러자 헤라는 팔리스에게 전 아시아의 지배권을 주겠다고 약속하고, 아테나는 언제나 전쟁에서 승리하게 할 것을 약속하고, 아프로디테는 세상에서 가장 아름다운 여인을 아내로 맞게 해주겠다고 유혹했다. 결국 팔리스는 세 여신 중에서 아프로디테를 가장 아름다운 여인으로 결정하고 그녀에게 황금사과를 주었다.

아프로디테는 제우스와 디오네 사이에서 태어난 여신으로서 이복오빠인 헤파이스토스와 결혼하였으나, 불구자인 남편이 싫어서 또 다른 이복오빠인 아레스와 간통하여 아들을 낳았다. 그 아기가 사랑의 신 에로스(Eros)이고, 아프로디테는 로마시대에는 비너스(Venus)라고 불렸다. 아무튼 그 후 팔리스는 아프로디테가 약속한대로 세상에서 가장 아름다운 여인인 스파르타의 메넬라오스 왕의 왕비 헬레네를 아내로 삼게 되었지만, 아내를 빼앗긴 메넬라오스는 형인 미케네 왕 아가멤논에게 도움을 청하여 그리스 여러 나라가 연합군을 결성하여 헬레네를 둘러싸고 트로이 전쟁이 시작된 것이다.

그런데, 여성들이 아름다움 이외에 현명함까지 겸비한다면 좋으련만 조물주는 그렇게 모든 것을 함께 선물하지는 않는 것 같다. 아일랜드 출신인 버나드쇼(George Bernard Shaw : 1856~1950)는 1925년 노벨문학상과 아카데미 각본상을 받은 유일한 작가인데, 그는 평생 25만 통의 편지를 남겼다고 한다. 그 중에는 미국이 낳은 현대무용의 선구자 '맨발의 무용수'로 유명한 이사도라 덩컨

(Isadora Duncan : 1877~1927)의 편지도 있다고 하는데, 덩컨이 "당신의 천재적인 머리와 내 아름다운 몸매를 가진 2세가 태어난다면 좋지 않을까요?"하며 적극적인 구애편지를 보냈으나, 쇼는 "좋은 제안이긴 하지만, 못생긴 내 얼굴에 당신의 머리를 닮은 아이가 태어난다면 얼마나 끔찍할지 생각해 보세요"라고 답장을 보냈다고 한다. 왜 여성들은 남녀평등을 주장하면서도 스스로 상품이 되려고 안달하는 것일까?

-2013.10. 3. 리걸 인사이트 칼럼-

2. 잊혀진 전쟁

6.25.는 우리 세대에 빚어진 잊을 수 없는 동족상잔의 비극이다. 3년여의 전쟁 동안 재산피해는 둘째 치고 고귀한 인명피해만도 국군 13만7,899명, 경찰관 3,131명이 희생되었으며, 북한군 52만 명도 죽었다. 특히 세계 16개 국가에서 참전했던 유엔군도 37,902명이 전사했는데, 그중 미군이 33,668명이나 되었다.

이처럼 막대한 희생에도 불구하고 전쟁에 참전했던 미국과 캐나다에서는 6.25.를 '잊혀진 전쟁(Forgotten War)'이라고 말하고 있다. 그것은 유엔이 창설된 후 첫 파병한 전쟁이자 16개국에서 30만 병력이 참가한 국제 전쟁이었음에도 불구하고, 1.4. 후퇴로 기록되는 부끄러운 패전을 기억하고 싶지 않은 탓이다.

물론, 미국으로서는 1964년 8월 베트남의 통킹 만에서 미 구축함의 공격을 구실로 전쟁을 벌인 베트남 전쟁에서 한국전쟁의 3년 1개월보다 6배나 긴 19년 6개월 동안 계속되었음에도 불구하고 또다시 패전하여 '잊혀진 전쟁'이 되었다. 아이러니컬하게도 베트남전은 이후 미국 전역에서 평화 · 반전운동의 계기가 되기도 했다.

이렇게 전쟁의 악몽을 지워버리고 싶은 것은 스페인에서도 모로코와 싸웠던 이프니 전쟁(Ifny : 1957~1957)을 '잊혀진 전쟁'이라고 말하고 있다. 스페인은 식민지 모로코의 이피니 시가 독립

운동을 전개하자 1957년 이피니시를 공격하여 진압에 성공했지만, 모로코의 끈질긴 영유권 주장에 1969년 이프니 시를 모로코에 양도해버린 뒤 그렇게 말하고 있다.

그러나 참전국에게는 비록 잊혀진 전쟁으로 치부될는지 몰라도 우리는 우리세대에 벌어진 동족상잔의 비극을 잊을 수는 없다. 물론 6.25가 점점 잊혀진 전쟁이 되어가는 것은 민족의 비극을 겪었던 세대들이 점점 사라지고 전후세대가 많이 늘어났다는 이유가 있겠지만, 가장 큰 이유는 학교나 사회에서 6.25.를 제대로 가르치지 않은 탓이 크다고 생각한다.

사실 휴전 이후 반세기가 훨씬 지나도록 우리는 전쟁에 대한 명확한 명칭조차 정하지 못한 채 '6.25.사변, 6.25.동란' 혹은 '6.25.'라고만 부르고 있으며, 근래에는 외국에서 자주 사용하는 한국전쟁(KOREA WAR)이란 용어를 무비판적으로 그대로 옮겨 쓰고 있는 실정이다. 그뿐만 아니라 정부는 오래 전부터 전쟁이나 각종 사건 등에 정확한 개념 정의 없이 4.19. 5.18. 6.25. 등 난수표 같은 숫자만으로 명명하는 무감각도 크게 한몫을 하고 있다.

또, 오랫동안 북한의 인공기며 김일성의 사진조차 신문이나 방송은 물론 교과서에서조차 볼 수 없었을 뿐만 아니라 북한을 '괴뢰집단'이라고 가르친 탓에 학생들은 북한공산당이 들판에 서있는 허수아비나 머리 양쪽에 뿔난 도깨비처럼 생겼으며, 주민들은 모두 노예처럼 발목에 쇳덩이를 매달고 사는 줄 알았다. 1970년대 남북을 오가며 적십자회담과 이산가족 상봉을 시작하고, 1994년 여름 김일성 사망 뉴스를 들을 때까지도 '독재자가 죽었으니, 이젠 북한체제가 무너지고 금방 통일이 올 줄'로 알았을 정도였으니, 이 얼마나 몽매한 백성들이었는지 모른다. 이처럼 왜곡된 통일교육을 가르친 보수정권의 대북정책도 잘못이지만, 이에 반발한 DJ정부와 참여정부 등 진보정권 10년 동안 이념보다 혈연을 강조하는 통일정책과 진보적인 교사들에게 교육받은 이세들이 사회 중추세력을 형성하면서 통일정책은 저울추를 급격하게 왼쪽으로 이동하는 큰 혼란에 빠졌다.

6.25.를 앞두고 국립묘지 대전현충원에서 작은 소동이 벌어졌다. 대전현충원이 '호국보훈'을 주제로 대전 지역 4개 대학생의 기증 작품 40점을 한 달간 일정으로 전시중인 작품 중 하나에 북한인공기가 등장하고, 또 하나는 독일 나치스 상징물로 제작된 설치 작품이 논란이 된 것이다. 한반도 문양을 바탕으로 인공기가 위에, 태극기가 아래로 배치한 작품은 북위 38도의 문이 열리며 남북의 평화를 상징한다'는 설명이 붙긴 했지만, 조국 통일을 위하여 산화한 국군장병의 영혼이 잠든 현충원에 전시하기에는 약간 불온한 모습이 아닐 수 없다. 이 작품은 한 미국인 장교 부부가 현충원을 참배하다가 이의를 제기하여 어제 철거되긴 했지만, 한 일간지가 보도한 청소년들의 6.25.에 대한 인식도 예사롭지 않다.

한 언론사에서 초등학교 3~6학년생 3,600여 명에게 "6.25가 언제 일어났느냐?"고 묻는 앙케이트 조사에서 '현대'라고 맞게 응답한 학생은 불과 46.2%이고, '조선시대'가 38.8%, '고려시대'가 7.4%, '삼국시대' 5.5% 등으로 답했다고 한다. 또, "6.25.는 누가 일으킨 전쟁이냐?"는 질문에 대하여도 '북한이 남한을 침공'했다는 답변은 72.1%, '일본이 한국을 침공' 21.5%, '남한이 북한을 침공' 2.3% 등으로 응답했다고 한다. 또, 한국갤럽이 초등학생이 아닌 전후세대 1,000여 명을 대상으로 '6.25가 일어난 해'를 묻는 질문에 대하여도 이와 비슷한 결과가 나타났다고 한다. 20대의 46.8%, 30대의 62.9%, 40대의 75.5%만이 제대로 기억하고 있고, '6.25의 성격'을 묻는 질문에 대하여 '북한의 불법 남침'은 52.3%, '미국. 소련의 대리전쟁' 44.5%, '민족해방 전쟁' 7% 등의 답이 나왔다는 것이다.

우리사회 일각에서는 체제의 우월성과 이념보다는 혈연을 소중히 여기는 목소리가 점점 높아지지만, 6.25.가 더욱 더 잊혀진 전쟁이 되는 것 같아서 씁쓸하기만 하다. 그러나 6.25.에 참전했던 유엔군이나 지구촌 사람들에게는 60년 세월만큼이나 잊혀진 전쟁에 불과할지 모르지만, 직접 전쟁을 겪은 우리는 우리세대가 겪었던 6.25를 잊어버릴 수는 없다.

-2014. 6. 14. 리걸 인사이트 칼럼-

※ 제목과 본문에서 사용한 '잊혀진'은 문법상 자동사격인 '잊다'의 피동사인 '잊힌'이 올바른 용법으로서 '기억에서 지워졌거나 기억 속으로 사라진' 즉 '아무 생각도 나지 않은 상태를 의미하지만, 본고에서는 어감을 강조하기 위하여 사용된 어휘임을 양해바랍니다.

3. 우리 것은 좋은 것이야

공주가 낳은 명창 박동진은 춘향가, 수궁가, 심청가, 흥보가, 적벽가 등 5개 판소리로 잘 알려진 인물이다. 그가 살던 공주시 무릉동은 '박동진 판소리전수관'이 되어서 그의 뒤를 잇는 명창을 배출하기 위한 판소리교육은 물론 매년 판소리 경연대회와 체험학습을 벌이고 있다.

하지만, 나는 창이나 판소리, 사물놀이 같은 전통음악은 물론 전통한복 등에는 별로 관심이 없어서 명창인 그에게서도 굵고 깊은 주름이 잡힌 얼굴에 두루마기에 갓을 쓰고 나와서 부채를 활짝 펼치면서 '우리 것은 좋은 것이야!'라고 말한 어떤 광고 카피 한 구절만 기억하고 있을 뿐이다. 배고프고 가난했던 1950년대부터 보고 듣고 배운 것은 내 부모가 살았으며, 내가 태어나서 자란 이 땅이 좋고, 이 땅에서 생산된 곡식을 먹는 것이 가장 좋다는 말이었다.

초등학교에 다닐 때에는 매일 사용하는 연필이 잘 부러지고 또 잘 써지지 않아도, 지우개가 뻣뻣해서 잘 닦이지 않고 공책은 잘 찢어지고 쉽게 변색해도 그것을 당연한 것으로 알았다. 오히려 나라가 해방된 지 얼마 되지 않았고, 북한공산당이 쳐들어와서 많은 사람이 죽고 집과 재산이 불타서 가난하니까 국산품을 애용해야만 품질이 더 좋아지고, 나라가 부자가 될 것이라는 선생님 말씀을 금과옥조처럼 기억하고 있었다. 중학생이 되었을 때, 5.16 쿠데타로 정권을 잡은 군인들이 민정복귀하면서 5개년 경제개발계획을 추진하면서 나라가 눈에 띄게 변하자 '국산품애용'이 결실을 맺는 것으로 여기기도 했다. 그래서 '우리 것은 좋은 것이야!'라고 말한 박동진 명창의 광고 카피 한마디가 폐부에 깊숙이 인상 깊게 각인되어 버렸는지도 모르겠다.

지금도 마찬가지이지만 그 당시에는 세계 각국에서 통용되는 세계화폐인 미국의 달러를 한 푼이라도 더 벌기 위해서 돈이 되는 일이라면 무엇이든 했고, 또 돈이 되는 물건이라면 모두 내다 팔았다. 그것을 국민들이 굶주리며 수출해서 달러를 벌어들이려 한다고 해서 기아수출(飢餓輸出 : hunger export)이라고 한다는 것은 훨씬 뒤에야 알게 되었지만, 1970년대를 지나면서 수출이 크게 늘고 배고픈 시대가 지나가자 사람의 욕구가 달라지면서 외국물품이 조금씩 수입되기 시작했다.

이런 개방시대에는 자연히 내 모습이 외국인과 비교되고, 또 내가 사는 집과 도시가 외국과 비교될 뿐만 아니라 우리 기업이 만들어 팔던 물건과 외국의 물건들이 비교되기 마련이다. 더더구나 한국을 찾는 외국인들이 크게 늘어나고 또, 꿈에서나 가능할 것으로 알았던 외국여행도 가능해지면서 비로소 우리가 지금까지 얼마나 우물 안 개구리처럼 살아왔으며, 세상이 넓은 것을 알게 되었다. 결국 품질과 가격으로 경쟁하는 개방시장에 적응하지 못하는 상품은 이제 '국산품 애용'이라는 애국심만으로 호응을 얻지 못하고, 품질 좋고 한국적인 물건들만 살아남아 팔리게 되었다.

그런데, 소견이 좁아서 그런지 모르겠지만, 우리조상들이 수천 년 동안 입고 살아온 바지, 저고리며 치마 등 한복 한 벌이 서양의 양복이나 양장 옷들보다 몇 곱절 비싼 수백만 원씩 하는 귀중품이 된 사실을 이해하지 못한다. 또, 우리네 산야에 널브러진 칡이며 둥굴레, 오미자로 만든 국산차며 방방곡곡에 지천인 대추며 유자, 들깨로 만든 차들의 값이 왜 바다 건너 외국에서 수입되는 커피 값보다 세곱 네곱이나 비싸야 하는지 그 이유를 알지 못한다. 더더욱 일찍부터 선비사회에서 뿌리내린 다도문화가 보급되고 녹차가 있지만, 그 녹차를 끓이는 주전자며 찻잔, 찻값조차 엄청나게 비싼 이유를 알지 못하고 있다.

물론 혹시라도 커피 판매업자들이 거대자본으로 영세한 국산차 판매업자들을 압도하는 가격정책이나 커피수입상들이 국산차와의 경쟁에서 이기기 위하여 저가정책을 펴기 때문인지, 아니면 커피 판매점 스스로 국산차를 팔 때보다 마진이 더 좋은 커피를 더 선호하고 있는지 모르겠다. 또, '국산품애용'을 빙자해서 전통한복을 명장이니 장인이니 하는 명성에 편승하여 고가 가격정책을 펴야만 소비자들이 많이 찾는 허영심을 반영한 것인지 불가사의한 일이 아닐 수 없다.

그런데, 더 엄청난 현실은 정부와 대기업간의 보이지 않는 거래로 국민들이 입는 피해이다. 한 푼이라도 외화를 더 벌기 위해서 기아수출을 하던 1960년대에는 비록 조악하고 성능이 나빠도 우리 손으로 만든 자동차와 TV, 휴대폰 등을 '애국심' 하나만으로 사용해 준 국민들에게 국내 대기업들은 기술 발전으로 이제 세계시장을 석권할 정도가 되었다면, 마땅히 그동안 '국산품애용'이라는 일념으로 사용해준 국민들에게 국제 판매가격보다 저렴하게 파는 것이 경제학의 기초이론인 '가격차별화 이론'이자 상도의이다. 하지만, 국내기업들은 이런 기업윤리를 망각하고 오히려 내국인을 봉으로 생각한 듯 해외시장보다 내수시장에서 훨씬 더 비싸게 판매하고, 심지어 내수제품은 수출품보다 다른 생산라인에서 조악하게 조립하고 있다는 세간의 여론은 정부와 모종의 흑막이 있는 것은 아닐지 의심스럽기만 한 것이다.

-계간 공무원문학 제28집(2014년 여름호)-

4. 공주 명학소

퇴근 후 둔산동에서 구도심인 탄방동 주공아파트 앞 샛길로 운전하다가 L백화점 네거리에서 신호를 기다리던 중 무심코 길가에 있는 간이우체국의 이름이 눈에 띄었다.

'대전명학소 우체국'

잘 알다시피 명학소(鳴鶴所)는 고려 무인집권시대이던 명종 6년(1176) 정월 망이(亡伊) · 망소이(亡所伊) 형제가 최초로 신분철폐를 부르짖으며 민중봉기를 일으킨 곳이다. 삼국시대 이래 양민들의 거주지인 촌(村)과 달리 전쟁에서 패한 포로나 반역자들의 집단유배지 혹은 전통적으로 생산노비 등 특수천민들의 집단거주지로 향(鄕) · 소(所) · 부곡(部曲)을 두었는데, 이런 천민집단은 호장 등 토착관리가 관리하는 일반 행정구역에서 배제된 채 주 · 군 · 현을 통해서 각종 공물을 부담했다.

일반 행정구역인 군 · 현이라 할지라도 그 지역에서 노비가 주인을 죽이거나 자식이 그 부모를 살해하는 등 강상(綱常)의 죄를 짓거나 모반(謀叛) 등이 일어나면 천민지역으로 강등되고, 반대로 전쟁이나 변란 시에 나라에 공로가 있는 천민지역은 일반 군 · 현으로 승격하기도 했다. 천민집단 중 향은 주로 농산물을, 부곡은 고리짝 같은 수공예 제품을 그리고 소는 중앙정부에서 필요로 하는 각종 수공업물건의 생산을 맡았으며, 소는 생산하는 물건에 따라서 자기소(磁器所) · 철소(鐵所) · 은소(銀所) · 금소(金所) · 동소(銅所) · 사소(絲所) · 지소(紙所) · 주소(紬所) · 와소(瓦所) · 탄소(炭所) · 염소(鹽所) · 묵소(墨所) 등으로 나눠졌다. 그렇지만, 사실 명학소가 어디이며 무엇을 생산했는지는 아직 밝혀진 것이 없는데, '공주 명학소'로만 알고 있던 명학소를 대전에서 보게 된 것은 작은 충격이 아닐 수 없었다.

1170년 고려 의종 때 장군 정중부 등이 무신들을 핍박한 문신들을 죽이고 정권을 잡은 지 6년 후인 1176년 정월 명학소의 천민 망이 · 망소이 형제가 자칭 산행병마사(山行兵馬使)라 하여 무리를 모아 반란을 일으키고 공주를 함락시켰다. 당시 무신난 후 나라의 기강이 많이 흐트러진데다가 아직 정권을 장악한 무신들의 권력의 기반이 확고해지지 않은 상황에서 1174년 서경(평양)유수 조위총 등이 반무신란을 벌이자, 조정에서는 그 반란을 토벌하느라고, 남쪽에서 일어난 망이 · 망소이 난에 적절하게 대처하지 못하고 그해 6월 명학소를 충순현(忠順縣)으로 승격시켰다. 천민들의 집단거주지인 명학소가 이제 엄연한 행정구역으로 승격되고, 관리까지 파견된 것이다.

그러나 이듬해 2월 이들은 다시 공주를 넘어 수덕사 등이 있는 가야산을 점령하고, 예산현을 점령하여 수령을 죽이는 등 재궐기에 나섰을 때에는 조정에서도 조위총의 난을 진압한 때여서 충순현을 다시 명학소로 격하시키고 정예부대를 파견하여 토벌에 나섰다. 망이 등은 직산의 홍경원(弘慶院)에 불을 지르고, 주지를 협박하여 개경에 자신들의 궐기 목적을 전하는 편지를 보냈다. 당시 교통의 요충지인 성환역 부근은 인가가 멀고 갈대 늪이 있어서 강도의 출몰이 잦아 행인들이 큰 불편을 겪자, 조정에서는 1016년부터 1021년까지 이곳에 200여 칸의 절을 짓고 봉선홍경사라고 사액(賜額)했었다. 그리고 절 서쪽에 객관 80칸을 세워서 숙소와 양식과 말 먹이 등을 마련하여 행인들에게 제공하면서 이곳을 홍경원이라고 했는데, 반란군이 홍경원을 점령하여 불태운 것은 조정이 있는 개경의 공략을 예고한 것으로서 창의문(倡義文) 성격의 편지에서 그들의 목적을 엿볼 수 있다.

"우리의 고향을 현으로 승격시키고, 또 수령을 두어 안무케 하더니, 다시금 병사를 보내서 토벌하고, 우리의 어머니와 아내를 잡아가두니 그 뜻하는 바가 어디에 있느냐? 차라리, 창 · 칼 아래에서 죽을지언정 끝까지 항복한 포로는 되지 않을 것이며, 반드시 개경에 이르고야 말겠다."는 내용이다.

하지만, 명학소의 위치에 대해서는 지금까지 의견이 분분하다. 조선 초에 나온 동국여지승람 제17권 공주 편(公州古跡條)에 '유성 동쪽 십리쯤에 있다(在儒城東十里)'고 기록되어 있는 것이 전부이기 때문이다. 사실 유성현의 치소가 어디인지도 정확히 밝혀지지 않았는데, 학자들은 이 기록을 중심으로 지금의 대전 탄방동과 둔산 신도심이 여기에 해당된다고 하여 둔산 신도시 개발을 할 때 E마트가 있는 둔지미공원에 '이곳이 명학소였다'는 비석을 세웠다. 최근에는 이곳에서 동쪽으로 약 2킬로쯤 더 떨어진 남선공원에 망이 · 망소이의 민중봉기를 기념하는 높이 20m의 기념탑을 세웠다. 그러나 당초 '이곳이 명학소였다'는 비석을 세웠던 E마트가 있는 곳에서 유성 월드컵경기장까지는 직선으로 약 5km 정도가 되지만, 산과 들로 펼쳐졌을 당시에는 이런 직선거리가 아니었을 것이다.

또, 지금의 남선공원 일대인 탄방동도 유성에서 대전으로 통하는 옛 릿수로는 20리가 넘는데다가 당시의 도로는 지금처럼 산을 깎고 내를 메운 평평한 토지에서의 거리가 아니어서 실제거리는 훨씬 더 멀었을 것이다. 더더구나 남선공원 부근은 예부터 참나무 숲이 많아서 참나무로 숯을 굽는 숯방이 있어서 마을이름도 '숯방'으로 부르다가 일제강점기에 이르러 '탄방동(炭坊洞)'으로 고쳐진 지역이다. 그래서 명학소는 유성에서 서대전과 가수원 쪽인 지금의 학하리 부근이라는 주장도 있다.

생각해보면, 명학소의 명학(鳴鶴)이란 '학의 울음소리'가 나는 곳이란 뜻이고, 학은 울창한 소나무를 좋아하여 그곳에 깃을 튼다는 것을 고려하면, 그 옛날 낮은 구릉지이던 월평산성과 갈마동쯤이 아니었을까 싶기도 하다. 더더욱 숯방이 있는 곳이자 '유성현 동쪽 십리'라는 릿수로 보아도 둔산 신도시를 개발하면서 산과 들을 메우고 깎아낸 거리이긴 하지만 E마트 앞이나 남선공원, 그리고 L백화점 앞은 더더욱 아니라는 생각이다. 아무리 지방자치가 활성화된 시대라고 해도 이처럼 제멋대로 지명을 갖다 붙이기보다는 먼저 전문가들의 정확한 고증을 거친 뒤 지명을 사용하는 것이 좋을 것이다.

-한밭수필 2016년 가을호-

5. 가을비와 우산

음력 절기상 겨울이 시작되는 입동이 지나고, 눈이 내린다는 소설(小雪)을 앞둔 요즘 하루걸러 비가 내리다시피하고 있다. 물론, 봄에서 여름으로 바뀌거나 여름에서 가을로 가는 이른바 환절기에는 어김없이 이렇게 비가 내리면서 계절이 바뀐다는 전령사 역할을 하고 있지만, 올가을 들어서 유난히 자주, 많이 내리는 가을비는 하루걸러 내린다 할 정도로 빈번하다. 그렇지만, 정작 물이 많이 필요했던 지난여름에는 거의 내리지 않아서 한 달가량 계속된 장마철에도 비다운 비 구경을 하지 못했다.

또, 매년 엄청난 비바람을 안고 오는 태풍도 올해는 한반도를 비켜가서 우리는 비 구경을 하지 못한 채 무더운 여름철에 보내며 혹독한 가뭄을 겪은 것을 생각해보면, 이상기후로 접어든 것은 아닐까 싶기도 하다. 그렇게 가을이 되자 농촌에서는 농사는 물론 도시민들의 식수난이 심각해지고, 심지어 댐의 물까지 말라서 발전소의 가동이 중단될 정도의 상황을 맞고 있는데, 예상하지 못하게 잦은 가을비를 매스컴에서조차 '단비'라고 표현하고 있다. 어제도 비가 내려서 우산을 받쳐 들고 퇴근했는데, 오늘은 비가 그쳤어도 우산을 들고 나갔다.

차를 운전하고 다닐 때에는 필수품처럼 우산 한 개를 트렁크에

넣고 다니기 때문에 특별히 우비에 신경을 쓸 필요가 없었지만, 1년 전부터 걸어서 출퇴근하면서부터는 사무실에 비상용으로 우산을 한 개 갖다 두었다. 출근할 때에 비가 내리면 우산을 들고 나가지만, 어제처럼 퇴근할 때 비가 내리면 우산이 필요하기 때문이다.

그런데, 우산을 생각하면 세상이 참 많이 변했다는 생각이 들곤 한다. 내가 어렸을 적에는 모든 물자가 귀했지만, 삼단접이 혹은 이단접이 우산이나 긴 장우산은 어른들이나 가지고 다니는 고급 물건이었다. 이 우산은 방수천의 검정색과 모양이 마치 박쥐처럼 새카맣다고 해서 박쥐우산이라고도 불렀고, 한동안 결혼이나 회갑연 등에서 답례품으로 제공될 만큼 인기상품이었다. 학생들은 대부분 비닐우산이 차지였지만, 그런 비닐우산조차 없는 학생도 많아서 비 내리는 날 학교를 가고 올 때에는 우산 한 개를 몇 사람이 받쳐 들고 다니는 것이 보통이었다. 그래서 우산을 받았다곤 해도 교복이나 책가방은 대부분 비에 젖기 일쑤였다. 하지만, 그보다는 금방 부서지는 허술한 우산이 더 문제였다.

당시 비닐우산의 우산대와 비닐 덮개를 받쳐주는 우산살은 대나무로 만들었고, 우산을 접었다 펼 때의 우산대의 꺽음쇠만 ㄱ자형의 철사였다. 그런데, 비닐천은 요즘의 비닐봉지만큼 튼튼하지도 않아서 잘 찢어졌고, 비닐을 받치는 우산살도 잘 쪼개졌다. 그래서 찢어지거나 잘 펴지지도 않는 비닐우산을 들고 다니다가 그나마 망가지면 길거리에 버리기 일쑤였다.

그러나 생활수준이 점점 향상된 지금은 그런 비닐우산을 찾아볼래도 없다. 삼단접이 우산도 거의 자취를 감추고, 알루미늄 우산대에 검정 방수천을 덮개로 한 긴 우산이 보편화 되었다. 게다가 근래에는 거의 모든 집집마다 식구 숫자만큼씩 우산을 갖게 될 만큼 풍성해지면서 답례품이나 선물용으로 주고받는 경우도 사라졌다. 오히려 지금은 젊은 여성과 어린이들을 위한 비닐우산은 다양한 꽃무늬는 물론 비닐의 질김도 예전과는 비교도 할 수 없을 정도로 튼튼해져 인기를 얻고 있다.

그런데, 세월의 흐름에 따라서 근래에는 박쥐우산이 한 세대 전의 비닐우산에 스며들었던 얄팍한 상혼으로 뜻있는 사람들은 물론, 최근 한류현상으로 한국을 찾는 많은 외국인 관광객들에게 커다란 실망을 주고 있다. 갑자기 쏟아지는 비를 피해서 가게에서 손쉽게 구입할 수 있는 박쥐우산을 사면, 예전의 비닐우산이 그러했듯이 쉽게 고장 나서 제대로 사용하지 못한 채 쓰레기통에 버리면서 한국 제품 전체에 대한 저평가를 하는 원인이 되고 있는 것이다.

우선, 우산대인 알루미늄이 잘 휘어지기 일쑤이고, 또 폈다가 접을 때에도 균형이 맞지 않아서 접이우산의 턱이 홈에 맞지 않는 경우가 많다. 턱을 받치는 스프링도 너무 허술해서 제대로 홈에 끼워지지 않는 경우가 많은 것이다. 게다가 펼쳐진 방수천이 우산발의 각 모서리마다 끼우는 끼움구멍도 너무 허술해서 쉽게 빠지거나 깨져서 방수천이 바람결에 벌렁벌렁 휘날리는 경우를 많이 보게 된다.

물론, 이렇게 박쥐우산을 펴거나 접을 때 날렵하게 접히지 않고, 또 잘 펴지지 않는 것은 기술력이 없어서가 아니라 우산이 자주 고장 나야 버리고 또 새것을 사지 않겠느냐는 우산제조업자들의 얄팍한 상혼이 더 크게 작용한 때문이다. 최첨단 전자기술로 세계시장을 장악하고 있는 우리나라는 휴대폰을 비롯하여 노트북, 그리고 세계 10대 자동차 생산국이 된 상황에서 이렇게 우산 하나 제대로 만들지 못하고 요즘처럼 잦은 빗속에 자칫 한국을 찾은 관광객들에게 불신과 비아냥거림 받는 원인이 되지 않기를 바라는 마음이 간절하다. 아울러 당국에서도 보다 엄격한 품질 관리로 이런 조악한 우산의 생산을 막고, 나아가 우산제조업자들도 외국인들에게 국위를 손상시키는 일도 없도록 해야 할 것이다. 21세기를 살면서 우리도 이젠 런던 하이드파크에서 본 중후한 노인들이 접힌 박쥐우산을 마치 지팡이처럼 짚고 다니는 그런 멋진 모습을 보고 싶다.

-2015.11.24. 고시 위크 칼럼-

6. 멋진 이름을 지어 주세요

국경일은 말 그대로 국가적인 경사를 온 국민이 축하하는 날로서 법치주의 국가에서는 국경일을 법률로 명문화하고 있고, 또 국경일에 이르지는 못해도 그에 준하는 날을 기념일로 정하여 기념하고 있다. 우리나라는 1949년 10월 1일 '국경일에 관한 법률'을 제정·공포한 이후 2005년 한글날을 공휴일로 추가하여 현재에 이르고 있는데, 그중 제헌절은 주 5일 근무제를 시행하던 2008년부터 공휴일에서 제외되었다. 또, 국경일은 아니지만 각종 기념일에 관한 규정도 시행되고 있는데, 기념일은 공휴일인 경우와 기념행사만 하는 기념일로 나뉜다.

각종 기념일 중 하루를 쉬는 공휴일은 1월 1일(신정), 음력 1월 1일~1월 3일(설날), 5월 1일(근로자의 날), 음력 4월 8일(석가탄신일), 6월 6일(현충일), 음력 8월 14일~8월 16일(추석), 12월 25일(크리스마스), 그리고 일요일 등이 있다. 식목일(4월 5일)은 2005년까지 공휴일 이었다가 2006년부터 공휴일에서 제외되었다.

공휴일에 관하여는 대통령령인 '관공서의 공휴일에 관한 규정'이 있는데, 이 규정에는 보궐선거를 제외한 각종 선거투표일 등 정부에서 수시로 정하는 날을 국무회의에서 공휴일로 지정할 수 있도록 하였다. 다만 재외공관의 공휴일은 국경일과 주재국의 공휴일로 한다.

한편, 공휴일이 아닌 기념일도 무수히 많은데, 각종 기념일 등에 관한 규정에 따르면 정부와 정부 산하기관들은 물론 지자체 등 주로 행정기관들은 기념일 또는 기념주간을 정할 수 있고, 기념일에는 기념식과 그에 부수되는 행사를 할 수도 있다.

이 규정으로 정한 기념일들을 살펴보면, 납세자의 날(3.3. 기획재정부), 3.15 의거기념일(국가보훈처), 상공의 날(3월 셋째 수요일. 지식경제부), 향토예비군의 날(4월 첫째 금요일. 국방부), 식목일(4.5. 농림축산식품부), 보건의 날(4.7. 보건복지부), 임시정부수립기념일(4.13. 국가보훈처), 4.19혁명 기념일(4.19. 국가보훈처), 장애인의 날(4.20. 보건복지부), 과학의 날(4.21. 미래창조과학부), 정보통신의 날(4.22. 미래창조과학부), 법의 날(4.25. 법무부), 충무공탄신일(4.28. 문화체육관광부), 근로자의 날(5.1. 고용노동부), 어린이날(5.5. 보건복지부), 어버이날(5.8. 보건복지부), 스승의 날(5.15. 교육부), 성년의 날(5월 셋째 월요일. 여성가족부), 5.18 민주화운동기념일(5.18. 국가보훈처), 부부의 날 (5.21. 여성가족부), 바다의 날(5.31. 해양수산부), 의병의 날(6.1. 안전행정부), 환경의 날(6.5. 환경부), 현충일(6.6. 국가보훈처), 6.10. 민주항쟁기념일(6.10. 행정안전부), 6.25사변일(6.25. 국가보훈처), 정보보호의 날(7월 둘째 수요일. 미래창조과학부 등), 철도의 날(9.18. 국토해양부), 국군의 날(10.1. 국방부), 노인의 날(10.2. 보건복지부), 세계한인의 날(10.5. 외교부), 재향군인의 날(10.8. 국가보훈처), 체육의 날(10.15. 문화체육관광부), 문화의 날(10월 셋째 토요일. 문화체육관광부), 경찰의 날(10.21. 행정안전부), 국제연합기념일(10.24. 외교부), 교정의 날 (10.28. 법무부), 지방자치의 날(10.29. 행정안전부), 저축의 날(10월 마지막 화요일. 금융위원회), 학생독립운동기념일(11.3. 교육부), 농업인의 날(11.11. 농림축산식품부), 순국선열의 날 (11.17. 국가보훈처), 소비자의 날(12.3. 공정거래위원회), 무역의 날(12.5. 산업통상자원부), 원자력안전의날(12.27. 미래창조과학부) 등이다. 그밖에도 국제 여성의 날, 물의 날, 세계기상의 날, 세계보건의 날 등등 유엔이 지정한 기념일과 기념주간이 있다.

물론, 반만년 역사를 이어온 우리에게 잊을 수 없거나 오래 기억해야 할 날들이 얼마나 많을지는 두말할 필요도 없다. 또, 국경일이나 기념일은 시대와 여건의 변화에 따라서 새로 추가되거나 폐지 혹은 변경될 수 있는 것이지만, 진실로 국민들에게 공감할 수 있는 기념일이나 공휴일이 아니라 중앙 부처의 영향력에 따라서 의미며 취지도 애매모호한 기념일이 상당수 있다. 따라서 성격이 유사한 기념일은 합치고 시대에 낙후되거나 진부한 기념일은 폐지할 필요가 있다고 생각한다.

또, 1980년대까지만 해도 6월 10일은 일제강점기에 순종의 인산일을 맞아서 거족적인 항일운동을 벌인 날로 기념했지만, 신군부로부터 대통령직선제 개헌을 쟁취한 이후 민주항쟁 이후에는 슬그머니 이날로 변경되었다. 한편, 동족상잔의 6.25 전쟁은 정부의 각종기념일에 관한 규정에서조차 '6.25. 사변(事變)'이란 구식대적 이름으로 명명되어 있을 만큼 명칭을 정하는데 있어서 고루한 인식을 엿보게 하는데, 어찌 동족상잔의 비극을 '전쟁에 까지는 이르지 않았으나 경찰의 힘으로는 막을 수 없어 병력을 사용하지 않을 수 없는 국가적 난리나 변고' 혹은 '선전포고도 없이 국가 간에 이루어지는 무력 충돌'이라는 의미의 '사변'이란 말로 표현할 수 있다는 말인가?

미국 등 서양에서는 오래 전부터 6.25.를 '한국전쟁(Korea War)'이라고 사용하고 있으며, 우리 사회 일각에서도 그렇게 쓰는 사람들이 크게 늘어나고 있다. 더욱 중요한 문제는 각종 기념일의 명칭 중 3.15, 4.19, 6.10, 6.25. 등 숫자만을 나열한 기념일이 허다한 점이다. 국경일과 기념일 등에 대한 재검토와 함께 국민들이 피부로 느낄 수 있는 기념일과 기념일 이름을 짓는 것도 반드시 필요하다고 생각한다.

-2017.06.21. 고시 위크 칼럼-

7. CCTV

요즘 우리사회는 공공장소나 사적 공간을 불문하고, 사생활을 침해하는 이른바 몰래카메라 공포에 휩싸여있다. 몰래 카메라란 상대방의 동의를 받지 않고 카메라 등으로 몰래 촬영하는 행위로서 뒷골목의 방범이나 공장, 사무실, 가게 등을 감시하기 위한 폐쇄카메라(CCTV : closed-circuit television)와 종종 혼용되어 왔으나, CCTV는 특정한 화면 수상자에게만 화상 정보를 전송하는 폐회로 텔레비전시스템으로서 몰래 카메라와는 구분된다. 직역하면 '폐쇄회로 텔레비전'이라고 하는 CCTV는 폐회로 시스템과 개회로 시스템의 2가지로 분류되며, 넓은 의미로는 TV등 일반 유·무선방송도 개회로텔레비전 시스템에 해당한다.

그러나 몰래 카메라는 방범이나 안전을 위하여 원격에서 시청하는 폐쇄카메라와 달리 그 기능을 반대로 악용하여 개인의 사생활을 도촬하여 악용한다는 점에서 범죄가 성립된다. 정부에서도 2017년 9월 디지털 기기를 이용하여 촬영·배포하는 범죄의 심각성을 인식하여 '디지털 성범죄'로 규정하고 있다.

이와 같이 자신의 안전과 재산을 지키기 위한 폐쇄카메라가 이제는 거꾸로 다른 사람에게 감시당하는 수단이 되어 사생활을 침해받고 범죄로 직결되는 CCTV에 관해서 가장 인상 깊게 본 영화는 2008년 12월 크리스마스 때 개봉된 외화 '에너미 오브 스테이트(Enemy of State)'다.

토니 스콧 감독이 인기스타 윌 스미스를 주인공으로 한 영화는 노동법 전문변호사인 로버트 클레이튼(윌 스미스)이 상점에서 우연히 만난 대학동창으로부터 얻게 된 정보 때문에 자신도 모르게 국가안보국의 감시대상이 되어 쫓기는 내용이다. 사실 그는 대학 동창이 자신의 쇼핑백에 비밀스런 녹화테이프를 집어넣었는지조차 모른 채 갑자기 사용하던 신용카드가 정지되고, 집의 전화가 도청되며, 휴대전화는 그의 일상을 국가로 전송하는 것을 알게 된다. 국가는 어느 순간 그의 모든 정보에 접근할 권한을 갖게 되고, 그는 '자신도 모르는 사이에 지니게 된' 정보의 무게에 비례하여 직접적이고 노골적인 위협이 가해진 것이다.

영화는 미 국가안보국은 국가의 안전을 지키고 많은 사람을 테러로부터 구할 수 있다며 죄수나 성폭행범과 같이 사회적으로 위험한 사람들에 대한 감시가 필요하다고 판단되는 사람들에 대한 감청 및 도청행위를 승인하는 것을 내용으로 하는 '원격통신보안법'을 통과시키려 하지만, 필 의원은 국가안보보다 개인의 사생활 침해에 대한 보호가 더욱 필요하다고 주장하며 법안 통과를 반대한다.

법안이 통과되면 완벽한 통제국가가 된다고 반대하던 필 의원이 외딴 호숫가에서 살해되는데, 공교롭게도 철새의 생태모습을 촬영하기 위하여 무인카메라를 설치해둔 로버트의 대학동창이 찍힌 사진을 살펴보다가 우연히 필 의원의 피살현장 장면을 보게 된다. 그는 그 자료를 신문사 편집국장에게 제보하지만, 이미 도·감청을 널리 시행하고 있는 국가안보국의 추격을 받으며 쫓기던 중 우연히 선물가게에서 대학동창인 변호사 로버트를 만나자 허겁지겁 그의 쇼핑백에 집어넣고 달아나다가 그는 달리는 차량에 치여 즉사하고 만다.

영화가 개봉될 때만 하더라도 먼 나라의 공상영화라고만 생각했던 것이 최근 우리에게 그 정세와 딱 맞아떨어지는 상황이 발생했다. 그동안 논란되던 국정원의 테러방지법안이 국회에 제출되어 국회의장이 직권 상정한 법안의 국회통과를 저지하기 위하여 야당에서는 필리버스터를 하다가 마침내 통과됐다.

사실 테러방지법은 2001년 빈 라덴으로 대표되는 이슬람 극단주의자들이 뉴욕 무역센터빌딩(WTC)을 폭파한 9 · 11 테러가 계기가 되어 유엔은 모든 회원국에 테러 관련 법령 제정을 권고했고, 우리나라도 이에 따라서 테러방지법을 국회에 제출했었지만 입법은 지지부진하던 중 작년 9월 IS가 보복대상으로 발표한 '십자군 동맹' 62개국에 한국이 포함되고, 또 북한 김정은이 대남 테러전담조직을 신설하고 테러 역량강화를 지시한 점 등으로 정부는 더 이상 법 제정을 미룰 수 없다고 했다.

테러방지법은 국무총리실 산하에 대(對)테러센터를 설치하여 테러방지 기본계획을 수립하고, 테러 위험인물에 대한 출입국 · 금융거래 · 통신 정보 등을 수집 · 조사하는 한편 외국정부 · 단체와 정보 협력을 강화하는 내용을 골자로 하는데, 야당은 테러방지법이 테러 예방을 구실로 국정원이 무고한 국민들의 통신에 무제한 도청이 가능해지는 법이라며 반대했다.

그런데, 테러방지법의 국회 심의과정에서 보여준 정부와 언론의 자세는 심히 불만스럽기 그지없었다. 도대체 법안의 골자가 무엇이며, 또 야당이 그토록 강력하게 반대하는 이유가 무엇인지에 대한 쟁점이나 해설은 전혀 보이지 않았다. 심지어 신문과 방송에서 조차 테러방지법을 저지하기 위한 야당의원 누구는 몇 시간 몇 분 동안 연설을 했으며, 누구는 몇 시간 몇 분으로 이전 기록을 깨뜨렸다는 등 흥미위주로만 보도해서 국민들로부터 빈축을 받았다. 그러나 말없는 다수 국민들은 차제에 어느 신문과 방송이 친정부적인가를 알 수 있게 되었으며, 야당 의원이 홀로 무제한 토론을 벌이는 텅 빈 국회 본회의장과 달리 방청석은 연일 초만원을 이뤘다고 했다.

이제 우리는 영화의 주인공 로버트가 국가안보국 직원에게 쫓길 때 시시각각으로 도로의 무인카메라며, 개인 CCTV의 감시 카메라 그리고 심지어 항공기에서까지 감시카메라 영상을 활동사진처럼 연속해서 비춰지는 모습을 바로 내 자신이 그 주인공이 되는 날을 맞게 되었다. 영화에서의 국가안보국 NSA는 우리나라의 국정원과 비슷한 실존하는 기관으로서 NSA에서 근무했던 스노든은 국가안보국의 시민감시 사실을 폭로하기도 했으며, 2014년 그 다큐멘터리 영화 시티즌포(Citizenfour)가 제작되기도 했다. 스노든은 프리즘 프로그램을 폭로하고, 미국은 해당 정보수집이 이뤄지고 있음을 고백했으며, 미국 법원이 애플에 아이폰 해킹에 협조할 것임을 명령하는 것을 거부한 것으로 팀 쿡은 영웅이 되었다.

8. 미투 캠페인

요즘 우리사회는 그동안 정치권과 연예계에서 간헐적으로 드러나던 지속적이고 악랄한 이른바 '갑질' 성폭력 사건을 고발하는 목소리가 크게 퍼지고 있다. 이것은 지난해 10월 미국 할리우드에서 전개된 '미투(Me too)캠페인'의 영향으로서 미투란 '나도 똑같다'라는 영어 회화 문구이지만, 근래에는 '나도 당했다'는 의미로 더 많이 사용되고 있다. 사실 미투 캠페인은 2006년 미국의 사회운동가 타라나 버크(Tarana Burke)가 처음 전개한 사회운동으로서 그는 성범죄에 취약한 유색인종 여성과 청소년들을 위한 단체 '저스트 비(Just Be)'를 설립하고, 성폭력 피해자에게 '당신은 혼자가 아니며, 우리는 함께 연대할 것이라는 메시지와 함께 성폭력을 경험한 여성들 간에 공감을 통한 연대의식을 강화하고자 SNS에서 "Me Too"라는 문구를 쓰도록 제안하는 캠페인을 벌인 것이 그 시초다.

그러나 2017년 10월 15일 영화배우이자 유명가수인 알리사 밀라노(Alyssa Milano)가 트위터에서 할리우드의 유명 영화제작자인 하비 웨인스타인(Harvey Weinstein)이 지난 30여 년 동안 수많은 여배우와 자기 회사 여직원들을 성추행 했으며, 자신이 직접 겪은 성폭행과 성희롱 행위를 고백하면서 빠르게 확산되었다. 웨인스타인으로부터 피해를 입은 당시 피해자 대부분은 갓 연기를 시작한 젊은 여성이었는데, 확인된 피해자만 50명 이상으로 알려졌다. 그중에는 배우 애슐리 쥬드(Ashley Judd), 로즈 맥고완(Rose McGowan), 기네스 팰트로(Gwyneth Paltrow), 안젤리나 졸리(Angelina Jolie) 등 지금은 저명한 배우들도 포함되었다.

알리사 밀라노가 미투 캠페인을 제안한지 하루 만에 50만 명이 넘는 네티즌이 리트윗 하며 지지를 표시했고, 8만 명 이상이 '#Me Too' 해시태그를 달아 자신이 성희롱 · 성추행 · 성폭행 당한 경험담을 폭로했다. 또, 페이스북에만 하루 동안 약1,200만건 이상의 글이 올라오는 등 미투 캠페인은 미국을 벗어나 전 세계 80개 이상 국가에서 성폭력 고발이 이어지고 있다. 밀라노의 폭로 이후 웨인스타인의 회사(Weinstein Company)는 파산하고, 그는 미국 영화예술과학아카데미(AMPAS)에서도 제명되었다. 또, 미투 캠페인을 통해서 그동안 우리에게 잘 알려졌던 더스틴 호프만, 케빈 스페이시 등의 성추행 사실이 알려지면서 그들은 하루아침에 전 세계 수많은 팬들로부터 파렴치한으로 비난을 받게 되었다.

사실 국내에서도 성추문 스캔들은 그동안 수차례 언론에 보도되어 왔지만, 누구하나 귀담아 듣지 않았다. 가령, 2009년 3월 룸살롱 술 접대, 성상납 강요 등의 성폭력을 고발하면서 자살한 여배우 장 모양 사건을 비롯하여 2013년 3월 원주의 한 별장에서 벌어진 김 모 법무차관의 성폭력사건 등이 보도되기도 했지만, 모두 유야무야로 끝났다. 그러나 지난 2월 2일 통영지청의 서 모 검사가 검찰 고위관계자로부터 겪은 성추행 피해사실을 검찰 내부통신망에 폭로하면서 우리사회는 커다란 태풍에 휩싸이게 되었다. 상류사회 내지 권력층이라고 하는 검찰 세계에서조차 벌어지고 있는 추잡한 현실에 정치권과 시민단체에서 진상규명을 촉구하는 목소리가 높아졌다.

그동안 성범죄는 일부 성도착자나 음주 혹은 우발적 범죄가 대부분이었지만, 미투 운동이 벌어지면서 세상에 드러난 것은 직장의 상사, 대학교수, 연극의 연출자. 문단의 원로, 권력을 가진 도지사 등 이른바 '갑질'하는 자들은 물론 천주교 사제까지 지속적이고 구조적인 범죄가 관행적(?)으로 자행된 것을 보여주고 있다. 피해자의 고발로 세상에 치부가 드러나자 일부 가해자는 스스로 목숨을 끊기도 했지만, 일부는 구속된 이후에도 뻔뻔한 거짓말로 변명하고 있다. 미투 캠페인은 웨인스타인 사례에서 알 수 있듯이 자신의 권력을 이용하여 상대에게 강압적인 성관계를 요구한 전형적인 권력형 성범죄에도 불구하고 피해자는 그 사실을 고발할 경우에 불이익을 받을 가능성에 주저하고, 또. 피해자에 대한 사회적 편견도 고발을 어렵게 만든다는 점에서 권력형 성폭력은 더욱 비난받아야 한다.

그리고 직접 가해자뿐만 아니라 그 사실을 알면서도 암묵적으로 묵인하거나 외면해왔던 선배 혹은 동료 여성들의 행동 역시 지탄받아야 마땅하다. 여론은 이번 기회에 그동안 성폭력 범죄를 묵인해왔던 사회의 인식과 관행을 뿌리 뽑아야 한다는 의견이 대세이지만, 반론을 제기하는 의견도 있다. 명백한 증거도 없는데도 평소 감정이 나쁘거나 혹은 직접 겪지 않은 사실인데도 전해들은 이야기만으로 특정인을 여론몰이식으로 매도하거나 가해자 이외에 그 가족까지, 또 피해자의 실명 공개와 신상털이 ·

악플달기가 자행되어 2차 피해를 경계해야 할 것이라고 말하기도 한다. 우리는 미투를 일시적이고 자극적인 호기심을 충족하는 방식으로 소비하지 말고, 우리 사회의 잘못된 조직구조를 바꾸는 계기로 삼는 지혜가 필요하다.

또, 가해자를 옹호할 생각은 추호도 없지만, 가해자의 추행에 대한 조짐이 있을 때 피해자가 얼마나 강력하게 거부의사를 표시했는지, 아니면 자신의 출세와 안정적 지위보전을 위해서 암묵적으로 묵인한 뒤 뒤늦게 피해자를 자처하며 세상에 고백(?)하는 것은 아닌지 냉철한 자기반성도 필요하다. 한편, 그동안 성 상납과 술시중 사실을 폭로하면서 자살한 여배우 장 모양의 사례와 원주의 별장 김 모 법무부차관의 성폭력 사건 등도 유야무야로 넘거버렸던 사법당국의 자세도 크게 비판받아야 할 것이다. 제발 미투 캠페인이 한번 스쳐가는 회오리바람이 아니라 썩어버린 우리사회 구석구석을 정화하는 계기가 되었으면 좋겠다.

-2018. 4. 5. 고시 위크 칼럼-

9. 하이패스 단말기

거의 매주말마다 전국의 유적지를 찾아다니느라 고속도로를 많이 이용하는데, 그때마다 고속도로 통행료와 하이패스 단말기가 마음에 걸린다. 세상을 살아가노라면 불합리한 일들이 많지만, 서민의 눈으로는 직접 부딪히는 이런 것들이 불합리하다고 느끼기 때문이다.

일반적으로 고속도로 통행료는 고속도로 건설비용에 대한 수익자 부담원칙에 따라서 내는 것으로 알고 있지만, 유료도로법의 규정은 그렇지 않다. 이 법 제4조에서는 ① 해당 도로를 통행하는 자가 그 도로의 통행으로 인하여 현저히 이익을 얻는 도로이거나 ② 그 부근에 통행할 다른 도로(유료도로는 제외한다)가 있어 신설 또는 개축할 그 도로로 통행하지 아니하여도 되는 도로에 징수한다고 규정하고 있다. 또, 유료도로법시행령 제10조는 통행료 총액은 해당 고속도로의 건설유지비 총액을 초과할 수 없고, 통행료 징수기간이 30년 이내로 정해져 있다. 즉, 고속도로 통행료는 이용자들이 고속도로를 대체하는 수단인 일반 도로가 있는데도 고속도로를 이용하는데 대한 수익자부담금이라는 것이다.

그렇다면 투자비용을 이미 모두 회수한 고속도로의 경우에는 통행료를 없애거나 최소한 통행료를 내려야 할 것이고, 명절이나 바캉스 시즌 같은 특수한 상황이 아니더라도 연중 정체현상이 만연해서 이미 고속도로 기능을 상실한 경우에는 통행료를 폐지해야 할 것이지만, 도로공사에서는 여전히 통행료를 받고 있다. 게다가 인천공항고속도로 등 민자 도로의 터무니없는 비싼 통행료와 최소운영수입보장(MRG) 문제로 국민세금이 투입되어야 하는 상황이다. 그러자 용감한 수도권 시민들과 시민단체에서 고속도로 통행료 폐지를 요구하는 소송을 제기하였지만, 법원은 '고속도로는 특정도로에 그치지 않고 전국의 도로가 연결되어 하나의 도로를 구성하기 때문에 폐지할 수 없다'는 논리로 도로공사의 손을 들어주었다. 그러자 시민단체에서는 다시 헌법재판소에 헌법소원을 제기한 상태이기도 하다.

고속도로 통행료는 고속도로를 진입하는 요금소에서 티켓을 뽑았다가 빠져나가는 요금소에서 정산하는 것이 보통인데, 하이패스 단말기를 부착한 차량은 시속 30㎞ 이하로 통과하면서 자동체크되어서 검표원이 필요하지 않다. 또, 통행료도 미리 충전된 것에서 선납하거나 사후 정산하는 것으로 끝난다.

이렇듯 자동차에 하이패스단말기를 부착하는 것은 고속도로 요금소 진출입시에 소요되는 시간을 줄이게 되어서 운전자에게 도움이 되지만, 그보다는 하이패스 단말기 충전에 선납한 막대한 금액이며. 점진적으로 검표원의 인력을 절감하여 향후 무인 요금소로 운영하려고 하는 도로공사에 훨씬 더 큰 이익이 될 것이다. 물론, 그 이면에는 고속도로 통행료를 사전 정산하거나 사후 고지로서 얌체운전자들을 방지하기 위한 의도가 내포되어 있겠지만, 하이패스 단말기 구입을 자동차 운전자들이 부담해야 하는 현재의 제도는 의문이다. 만일, 도로공사의 주장대로 고속도로 이용차량에게만 단말기 부착의 편익이 있다고 한다면 굳이 하이패스 단말기의 보급에 나설 이유가 없을 것이다.

그러나, 도로공사의 일방적인 횡포를 묵인해서 도로공사가 장차 모든 요금소를 무인시스템으로 전환하여 얻어지는 인건비 등 이익은 천문학적 금액이 될 것이어서 도로공사가 적극적으로 신차 제조사와 협상에 나서서 출고당시부터 단말기를 부착하게 하고, 기왕 출고된 차량이나 수입차량에 대해서는 무상보급에 나서야 할 것이다. 도로공사는 2014년부터 저렴한 하이패스 단말기 보급에 나서고 있으며, 현재 국내 차량의 단말기 장착률은 73.6%라고 한다. 그러나 도로공사의 이런 소극적인 단말기 보급 방식은 전국의 모든 고속도로 요금소를 무인시스템으로 운영할 계획에 큰 차질이 생길뿐 아니라 설령 무인시스템 시행을 강행한다 하더라도 하이패스 단말기 미부착차량에 대한 관리문제로 인력을 계속 유지해야 하는 등의 이중부담을 피할 수 없게 될 것이다.

고속도로 하이패스 단말기 부착은 차량운전자의 이익보다 도로공사의 편익이 더 큼에도 불구하고 단말기 부담을 차량소유자에게 부당하게(?) 전가하는 사례와 유사한 경우는 자동차의 신차 구입 때에도 경험할 수 있다. 자동차판매 영업사원들은 신차를 구입하는 소비자에게 운송비 내지 운반비라는 이름으로 그리고 소비자가 선호하는 특수 색상에 대하여는 몇 만원 내지 몇 십만 원씩 더 받고 있으며, 소비자들은 제조사의 이런 횡포를 당연한 것으로 받아들이고 있다. 우선, 신제품의 물건 매매는 거래현장의 상태에서 주고받아야 하는 것이 원칙인데도. 신차 구입고객은 고작 쇼윈도에 전시된 견본차량만을 보고 계약하기 일쑤다. 그렇다면 판매회사나 대리점에서는 소비자가 구매한 물건을 당연히 계약 장소까지 차를 가져와서 인계하거나 소비자의 주소지까지 배송해줄 의무가 있음에도 불구하고, 마치 매수자에게 차량 인도책임이 있는 것처럼 공장에서 대리점까지의 차량운반비를 소비자에게 전가시키고 있는 것은 부당한 처사이다.

설령, 매수인에게 인수책임을 규정한 약관이 있다고 하더라도 그 약관은 불공정 약관이어서 무효가 되어야 할 것이다. 또, 소비자가 선호하는 특수색상이라는 구실로 추가부담을 요구하는 행위도 대기업의 이만저만한 횡포가 아니다. 참고로 냉장고나 에어컨 그리고 피아노와 같은 부피가 큰 가전제품을 구입할 때 업체에서 운송비를 받는 경우는 없다. 오히려 판매하는 회사와 대리점에서는 운송비는 물론 설치비까지 부담하고 있는데, 폐전자제품의 수거까지 도맡아 처리해주고 있다. 그런데, 고속도로의 통행료와 하이패스 단말기며 신차 구입 시 운송비 등을 소비자에게 전가시키는 행위는 대기업의 횡포로서 하루속히 폐지되어야 한다고 생각한다.

-2018 문학사랑 가을호(통권 125호)-

10. 치킨 값 파동

치킨과 피자가 어린이는 물론 어른들도 즐겨먹는 국민 간식이 된지 오래다. 그런데, 지난해 11월부터 발생한 AI(Avian Influenza)로 전국의 양계농장에서 기르던 닭과 오리의 15.6%에 이르는 3천만마리 이상을 살 처분함으로서 닭 공급에 차질이 생기자 여러 가지 문제가 벌어지고 있다.

정부는 AI가 발생한 지역 반경 3㎞ 이내의 닭들은 무조건 살 처분하여 AI의 전파를 차단하고 있지만, 다른 한편으로는 AI에 감염된 닭과 오리도 삶거나 굽는다면 사람이 먹어도 인체에 무방하다고 하여 무조건 살 처분명령과 모순된 입장을 보이고 있어서 어느 말을 믿어야 할지 헷갈리기까지 한다. 여기에다 국내공급이 부족해진 농수산물에 대한 대책으로 외국에서 긴급하게 수입하고 있는데, 지난겨울에는 달걀 수입과 관련해서 이른바 '썩은 닭' 수입 논란까지 벌어지고 있다.

식품안전처는 국내 닭 소비량의 12%를 수입하고 있는데, 지난해 닭고기 수입량은 10만7천 톤으로서 그중 브라질산이 83%에 해당하는 8만9천 톤이라고 했다. 이중 논란이 되고 있는 브라질산 닭도 가공업체인 BRF제품은 4만2,500톤이지만, 썩은 닭 수입은 없었다고 밝히면서 현재 1% 표본검사를 15%로 늘여서 검사하겠다고 했다. 하지만, 과연 정부의 발표를 곧이곧대로 믿어야 할지는 국민들의 몫이 되었다.

이렇게 애매모호한 정부의 조치에 그동안 정부의 조치에 순응해오던 축산 농가들이 저항을 시작했다. 전북 익산시의 한 양계농장 대표를 비롯한 동물자유연대 등 16개 단체가 전주지방법원에 '정부의 예방적 살 처분 집행정지'를 구하는 행정소송을 제기한 것이다.

한편, 닭 파동으로 가맹점 수 기준 국내 1위인 A치킨 프랜차이즈 업체가 값을 10% 올리고, 또 국내 최대의 대형할인점인 E마트에서도 백숙용 생닭(1kg) 가격을 15% 인상하여 5,980원으로 판매하겠다고 발표했다.

그러자 그 가격의 적정성 여부를 놓고 논란이 벌어졌다. 농식품부는 치킨 가격에서 닭고기가 차지하는 원가 비중은 10% 안팎이고, 또 산지가격의 등락이 소비자가격에 미치는 영향은 극히 미미해서 닭 1마리를 1,600원에 매입하면 가공비와 각종 부대비용을 합쳐도 1만 원 정도이니, 16,000원에 팔아도 가맹점이 5,000~6,000원의 이익을 남길 수 있는데도 수익성이 악화를 핑계 대는 것은 업체들의 과당경쟁 때문이라고 했다. 무엇보다도 직장인들이 은퇴 후 창업 1순위로 꼽히는 치킨 집은 전국에 57,000여 곳으로서 한 해 평균 7,400여 곳이 새로 생기고 5,000여 곳이 문을 닫는 실정으로서 치킨 업체들의 과당경쟁으로 수익성이 악화되는데도 AI사태로 닭 공급이 줄어든 것을 빌미로 터무니없이 값을 올리려 한다는 것이다.

그러나 치킨업체들은 지난 8년 동안 치킨 값을 인상하지 않았으며, 정부가 원가 산정기준이 오류투성이고, 또 정부가 민간기업의 가격정책에 과도하게 개입한다며 반발하고 있다.

그런데, 역설적으로 B치킨 프랜차이즈 업체에서는 전국 가맹점의 치킨가격을 평균 5% 인하한다고 발표했다. B치킨 프랜차이즈 업체에서는 치킨 가공업체와 1년 동안 단가계약을 맺어서 생산지 닭 가격의 인상에 영향을 받지 않을 뿐만 아니라, 가격인하에 따른 가맹점의 손실분은 본사에서 보전할 계획이며, 또 가격하락으로 인하여 매출이 늘어나면 가맹점의 수익도 올라갈 것이라고 했다.

결국 치킨 판매가를 올리려고 하던 A치킨 업체와 E마트는 가격인상 계획을 철회했지만, 닭값 파동을 계기로 그동안 달걀을 비롯하여 생닭고기의 수입정책, 그리고 AI나 구제역이 발생하면 으레 가축을 생매장하는 등의 정부정책이 과연 적정했는지 검토해볼 필요가 있다.

생각해보면 공산품과 달리 자연 상태에서 생산되는 상품들은 설령 AI나 구제역 같은 전염병이 발생하더라도 신속하게 공급할 수 없다는 애로가 있다. 그러나 정부는 과연 철저한 원가계산를 하며 업체의 가격인상을 억제하려고 했는지 의문이다. 또, 이슬람 국가들은 소·돼지고기를 먹지 않는 반면에 닭고기를 즐겨하여 웬만한 가정에서는 매일 치킨 다리 두 개씩 식탁에 오를 정도인데, 사실 그 많은 닭을 어떻게 기르며 어떻게 유통되고 있는지는 잘 알려지지 않고 있다. 우리 정부는 치킨 값 파동의 주원인인 AI는 철새들의 이동에 의한 전염으로서 불가항력적인 자연재해라고 하지만, 철새들이 이슬람국가가 대부분인 동남아에서는 월

동하지 않는다는 것인지 의문이다.

또, 우리보다 환경이나 축산기술이 미흡하다고 여겨지는 이들 국가에서 AI파동을 겪지 않고 안정적으로 닭을 기르는 비법이 무엇인지 궁금해진다. 더구나 AI나 구제역, 그리고 매년 여름이면 연례행사처럼 발생하는 수산물의 비브리오 균에 대한 대책으로 살 처분하면서 매년 수십억 내지 수백억 원의 보상금을 지불하는데, 이것은 곧 국민의 혈세를 쏟아 붓는 것임에도 이에 대한 반성이 전혀 없다. 게다가 이들 전염병의 예방대책으로 수십억을 투자하여 개발한 AI나 구제역 백신을 접종했는데도 매년 발병하는 것은 과연 물 백신은 아닌지 백신의 효능에 대해서 엄격하게 심사해볼 필요가 있다.

-2017.03.30. 고시 위크 칼럼-

11. 잘못된 웰빙 문화

불과 한 세대 전까지 우리에게는 먹는 문제가 가장 시급한 것이었지만, 지금은 하우스 재배농법의 발달로 4계절 생산되는 농산물과 인스턴트식품의 범람으로 식량은 남아돌고, 영양과다와 운동부족으로 비만(肥滿)이 사회문제가 될 지경이다. 더불어 몇 년 전부터 웰빙(well-being)이 유행처럼 번지고 있다.

사실 웰빙이란 현대 산업사회가 인간에게 물질적 풍요를 가져다 준 반면에 정신적 여유와 안정을 빼앗아 간 것을 반성하고, 육체적 · 정신적 건강의 조화로서 행복하고 아름다운 삶을 살자는 운동으로서 1960~70년대 미국에서 반전 운동과 함께 규제와 속박에서 벗어나자는 운동이 확대된 것이다. 또, 1960년대 히피족(Hippy, Hippie), 1980년대 중반 유럽에서 시작된 슬로우 푸드 운동(Slow Food), 1990년대 초 천천히 살자는 슬로비족(Slow but Better Working People), 부르주아의 물질적 실리 추구에 반대하여 정신적 풍요를 추구하는 보보스(Bobos) 등에서 기원을 찾기도 한다.

아무튼 웰빙은 육체적으로 질병 없는 건강한 상태뿐만 아니라 심리적으로 직장이나 공동체에서 느끼는 소속감, 성취감, 여가생활이나 가족 간의 유대 등 다양한 요소들을 웰빙의 척도로 삼으면서 몸과 마음, 일과 휴식, 가정과 사회, 자신과 공동체 등 모든 것이 조화를 이루고 어느 한 쪽으로 치우치지 않은 상태를 얻으려고 노력하자는 것이다.

특히 인스턴트식품이나 육류보다는 유기농산물이나 생식 등 자연식을 추구하며, 항상 시간에 쫓기는 생활방식에서 벗어나 요가, 명상, 단전호흡, 암벽등반, 헬스 등 정신적 · 육체적 건강을 위한 자연친화적 생활을 추구하고 있지만, 우리나라에서는 웰빙의 정신적 · 심리적 측면에 소홀한 반면, 건강식이나 온천, 마사지, 미용을 즐기는 등 물질적 풍요에 지나치게 집착하는 경향이 있다. 가령, TV나 매스컴들은 하루도 빠지지 않고 웰빙 음식이니 맛 자랑 음식점을 소개하고, 전국 유명 관광지가 아니더라도 'OO방송국 OO프로그램'에 출연한 업소라며 자랑스럽게 광고간판을 내걸지 않은 음식점이 없을 정도이다.

그런데, 그런 음식점마다 이런저런 음식재료를 소개하면서 자기만의 비법이라며 밝히기를 거부하는 곳이 많고, 몸에 좋다며 수십 가지 한약재를 함께 넣어서 우려낸다는 것을 자랑스럽게 선전하는 곳이 많지만, 이것이 얼마나 위험한 일인지 걱정스럽다. 약전(藥典)을 들춰보지 않더라도 간단한 감기 몸살 약을 달일 때에도 몇 냥의 한약재를 얼마만큼의 물에 넣은 뒤, 어느 정도 줄어들 때까지 달인 뒤, 시간에 맞춰서 얼마큼씩 복용해야 한다는 것은 한약의 기본상식이다. 또, 약을 짓는 사람의 정성, 달여 주는 사람의 정성 그리고 먹는 사람의 정성 등 3가지가 합치되어야 최고의 효험을 얻는다는 한약의 삼합(三合)을 기억하고 있다.

이런 것은 둘째치고라도 오늘날 모든 의약품은 일정한 조제방법과 함량을 법정하고 있을 뿐 아니라, '의약품을 오 · 남용하지 말자' 혹은 '양약도 과용하면 독(毒)이 된다'는 경구를 표기하고 있다. 그런데, 아무리 몸에 좋은 수십 가지 한약재라 해도 그것을 일정한 배합비율도 없이 음식점 주인의 자의에 의해서 마구잡이로 집어넣고, 농도도 알 수 없이 적당히 삶은 물을 육수 삼아서 음식을 만드는 것은 양약도 과용하면 독이 된다거나 약을 오남용을 하지 말라는 기본을 위반하는 일이 아니고 무엇일까?

마치 몸에 좋다며 쇠고기, 돼지고기, 닭고기를 한꺼번에 집어넣고 삶은 잡탕 같은 음식과 무슨 차이가 있을지 모르겠다.

이렇게 무분별하게 한약재의 배합비율이며, 농도가 애매하게 우려낸 한약재 육수를 기초로 조리한 음식을 먹은 사람들은 결국 외형적으로는 통통하게 살이 찌게 될지 몰라도, 자칫 간(肝)에 무리가 오고, 기형이나 비만이 많이 생기는 원인이 된다고 생각한다. 요즘 거리마다 잘 먹지 못해서 바싹 마른 사람보다는 비정상적일 만큼 비만인 남녀노소들을 많이 보게 되는 원인도 그 탓이라고 생각한다. 정신건강 요소가 간과되고 물질적 풍요만 추구하는 것은 웰빙이 아닐 뿐 아니라, 행정관청이나 보건당국에서도 국민건강을 위하여 의약품의 오남용을 단속하듯 음식점들이 한약재를 빙자한 무분별한 음식물 판매행위를 엄격히 규제하여야 할 것이다.

-2012.09.07. 리걸 인사이트 칼럼-

12. 장마, 태풍 그리고 가뭄

도시에서는 수도꼭지만 틀면 언제든지 물이 콸콸 쏟아지고 있으니 가뭄을 실감하지 못하고 있지만, 전국 방방곡곡은 심각한 가뭄에 한숨소리가 높다. 지난겨울부터 지금까지 오랫동안 비가 내리지 않아서 저수지는 진즉에 바닥을 드러내서 거북이 등처럼 쩍쩍 갈라져 있고, 모내기를 하지 못한 논에서는 사막처럼 흙먼지만 풀썩인다. 모내기를 마친 논도 제대로 물을 머금지 못한 모들이 발육부진 상태로 있고, 묘판에서는 이앙하지 못한 묘가 늦가을의 갈대처럼 고스란히 말라죽어 있어서 농부가 아니더라도 바라보는 이의 마음을 짠하게 한다.

사실 우리나라의 연평균 강수량은 1,100~1,400㎜로서 크게 부족하지는 않지만, 대체로 여름철에 편중되고 또 국토의 70%이상이 20%이상 경사지여서 비가 내리면 단시간에 하천을 거쳐 바다로 흘러간다. 정부는 상수도, 농공업용수와 발전 기능까지 가능한 대형 댐을 많이 만들고, 4대강 개발이라는 준설과 보설치 공사도 했지만, 그것도 별 효과를 발휘하지 못하는 것 같다.

국제인구행동연구소(PAI)는 1993년 한국은 1인당 물 사용가능량은 1,470㎥로서 물 부족국가에 해당하며 해가 갈수록 물 사정이 어려워질 것이라고 전망했었다.

이런 물 관리 능력의 부족으로 유엔이 정한 '물 부족국가'에 포함된 지도 오래다.

전문가들은 짧은 시간에 집중적으로 내리는 빈도가 늘어난 만큼 빗물을 저장하는 시설을 늘려서 물의 흐름을 분산시켜야 한다고 하지만, 그 대책은 아직 걸음마단계다.

우선, 정부는 빗물을 가둬두는 저수지나 댐을 만든다는 하드웨어만 알았을 뿐 맑은 물 이외에 홍수와 함께 토사가 저수지 밑바닥에 점점 쌓이게 되어서 저수지나 댐의 실질 저장량은 크게 줄어들어 실질적인 저수량 통계나 실질적인 물 관리에 필요한 소프트웨어를 간과하고 있는 것 같다. 즉, 물을 관리하는 당국에서는 갈수기에 토사를 준설하거나 치우지 않은 채 댐 건설 당시의 저수량만을 통계기준으로 삼고 있어서 실제 저수량과 큰 차이가 난다. 게다가 무분별한 택지개발과 도시계획, 그리고 수익성 있다는 골프장 건설에 혈안이 되어서 산과 들을 마구 파헤쳐 수맥(水脈)을 절단하고, 수계(水系)를 파괴해버린 업보도 크다. 그렇게 절단된 수맥은 영영 다시 회복되지 못하거나 새로운 수맥을 형성하게 되기까지에는 수십 년 내지 수백 년이 지나야 할지도 모른다. 그 결과 예전에는 어른의 키 2~3배정도인 5m가량만 파면 샘물이 콸콸 솟아났지만, 지금은 보통 5~600m 이상을 파야 물이 나온다. 요즘 도시의 도로마다 크고 작은 싱크 홀은 곧 파괴된 지하수맥으로서 인간의 어리석음에 대한 징벌이라고 생각한다.

따라서 새로 저수지나 댐을 만드는 것 못지않게 이미 만들어진 저수지나 댐도 갈수기에는 흘러내린 토사를 준설하는 노력을 게을리 하지 말아야 한다. 또, 물을 담은 논이 많은 시골이 도시보다 훨씬 시원하듯이 도시 곳곳에 물 저장시설을 만들고, 녹지대를 조성하는 것이 필요한데도 지금 도시나 농촌의 집, 공공도로 심지어는 공원의 산책로까지 대부분 포장되어서 약간의 비만 내려도 스며들 곳이 없는 빗물은 금방 작은 하수구로 빠져나가서 마당의 정원수조차 상수도꼭지에서 틀어주는 물을 받아먹고 사는 실정이다.

이렇게 매일 하늘만 바라보고 사는 요즘 기상청의 일기예보는 가슴을 더욱 답답하게 한다. 몇 년 전 세계에서 한손으로 꼽을 만큼 값비싼 첨단 관측기구를 도입했다고 대대적으로 자랑했지만, 정작 그 관측기구를 다룰 줄 몰라서 엉터리 예보만 남발하여 오히려 이전보다 일기예보가 더 맞지 않는다는 비판을 받고 있다. 기상청에서는 며칠 전부터 주말인 23~4일경부터 장마가 시작될 것이라고 하더니, 정작 그날이 다가오자 29~30일부터 제주도를 시작으로 장마전선이 시작해서 대전지방에는 7월 3일께부터 비가 내릴 것이라고 슬쩍 말을 바꿨다. 사실 여부는 7월이 되어야 알 수 있겠지만, 고스란히 열흘 정도 예측이 빗나간 셈이다.

그런데, 지난겨울부터 지금까지 극심한 가뭄으로 농촌에서는 이앙도 못하고 저수지도 바닥이 난 상황이었는데도 왜 대통령선거가 끝난 직후부터야 갑자기 국민적 관심의 대상이 되었는지 모르겠다. 혹시라도 직전의 대행체제에서 가뭄대책에 감당능력이 없게 되자 적당히 묵살하고 넘긴 것인지, 아니면 선거에 부정적인 영향을 미칠 것 같아서 짐짓 외면하고 있은 것은 아닌지 모르겠다.

정부는 재난지역 선포나 제한급수 같은 발등의 불을 끄는 일도 급하지만, 이런 사후약방문 같은 대책보다는 무분별한 난개발을 가급적 제한해야 할 것이다. 또, 빗물을 많이 가둬둠으로서 가뭄을 이겨내는 방법이 필요하지만, 당장 불필요한 콘크리트와 아스팔트로 포장한 마당이나 공원 골목길 등 우리주변을 모두 파헤치는 것도 땅을 살리고 가뭄을 해소하는 좋은 방법이라고 생각한다.

-2017.07.02. 고시 위크 칼럼-

13. 나 홀로 족

며칠 전 한 신문은 우리사회의 새로운 트렌드로 직장인들이 집과 직장을 오가는 이외에 여가시간 대부분을 홀로 보내는 이른바 '나 홀로 족(族)'이 크게 늘고 있다고 보도했다. 통계청이 최근 발표한 '한국의 사회동향 2015'에 따르면 15세 이상의 직장인 남녀 중 56.8%는 여가시간을 주로 혼자서 보내는데, 이런 수치는 2007년 조사 때 44.1%보다 12%포인트 이상 늘어난 수치라고 했다. 반면에 친구와 함께 여가를 보내는 비율은 2007년 34.5%에서 8.3%로, 7년 사이에 26.2%포인트나 줄었으며, 연령별로 보면 15~19세는 73.3%, 20대는 71.1%가 여가 시간을 혼자서 보내는 것으로 조사됐다고 한다.

신문은 이른바 '나 홀로 족'이 늘어난 것은 장기화된 경기불황으로 경제적 여유가 줄어든 것과 밀접한 관련이 있으며, 직장인 남녀 848명을 대상으로 조사한 결과 응답자의 35.4%가 가장 아까운 지출 항목으로 '술자리 등 유흥비'를 꼽고, 직장생활에 쫓겨서 다른 사람들과 어울릴 시간이 부족한 것도 가장 큰 원인이라고 분석하고 있다. 하지만, 그보다는 1980년대 이후 급격히 늘어난 개인주의적 사회 환경 때문이 아닌가 싶다.

우선, 우리사회는 5.16 이후 1960년대 이래 정부가 식량부족을 해결하기 위한 수단으로 가족계획이란 이름아래 무자비하게 추진했던 산아제한과 인공중절로 외동이가 많아져서 그들이 사회의 중심세대를 형성하고 있는 지금은 다른 사람과 어울리기보다는 혼자 지내는 것에 익숙해지고, 또 부모들로부터 왕자와 공주로 보호받고 자란 결과라고 생각한다.

내가 십대이던 1950~60년대에는 집집마다 홍부네 집처럼 자식이 많아서 먹을 것 입을 것 가질 것이 부족한 형제들은 매일 서로 싸우고 다투면서도 그 속에서 공동생활과 위계질서를 익히고 적응해왔다. 학교에서도 넘쳐나는 아이들은 교실에서의 수업보다도 운동장에서의 집단놀이에 더 흥미를 갖곤 했었다. 그러다가 가족계획사업(?)이 정착된 이후 한 가정 1~2자녀들은 우선 이런 형제들 틈바구니에서 부대끼며 살지 못했고, 학교나 사회, 직장에서의 집단문화도 쉽게 경험해보지 못했다. 그 결과 이미 핵가족화 된 가정은 매일 학교나 직장에서 돌아온 뒤 pc나 스마트폰 등 과학기구의 발달로 혼자서 여가시간을 얼마든지 즐기게 된 환경도 큰 몫을 하게 되었다고 생각한다.

문화체육부의 한 조사결과도 주말에 텔레비전을 시청(51.9%)하거나 영화 관람(48.6%)으로 보내는 것이 대부분이라고 하는 통계가 잘 말해주고 있다. 사실 20대의 군대생활에서 가장 힘든 것은 훈련이나 경계보다 각 가정에서 자기 방에서 혼자 생활하다가 내무반에서 여럿이 생활하는 내무반의 시간이라고 하는 조사도 있다. 사회는 이런 나 홀로족의 패턴에 맞춰 급격하게 변해서 카페나 레스토랑에서는 1인 고객을 위한 좌석과 메뉴가 보편화되고, 슈퍼마켓에서도 나 홀로 족을 위한 상품코너가 큰 인기를 얻고, 가전제품이며 오피스텔, 아파트 등 주거환경도 그에 맞추고 있기도 하다.

그런데, 이런 나 홀로 족의 생활패턴은 지난 2001년 유럽을 여행하던 중 영국의 가이드로부터 '요즘 영국의 직장인들은 여가시간을 옥상에서 망원경을 설치해두고 위성이 몇 개가 지나가고, 비행기가 몇 차례 지나가는 것을 드려다 보거나 주말에는 매일 타고 다니는 자동차를 차고에서 혼자 일일이 해체하였다가 다시 조립해보는 등 개인적인 시간을 보내는 것이 보편화 되었다는 말을 들은 기억이 있다. 당시 국내 어느 재벌회장의 취미가 혼자서 자동차를 해체했다가 조립하는 것이라는 신문기사를 읽은 적이 있어서 그러려니 생각하고 말았지만, 지금 이런 나 홀로 족이 크게 늘어난 것은 '사회적 동물'이라고 하는 인간 본연의 생활이 파괴되는 개인주의적 현상이 아닐까 싶기도 하다.

언필칭 1960년대의 한국의 가족계획사업이 성공했다고 자랑하지만, 지독한 남아선호사상은 아들딸 구분 없이 둘만 낳아 잘 기르자는 정책을 우회하여 아들이 아니면 중절하는 몰 인간적인 조치결과 그 아들들이 자라서 결혼적령기가 되어 신붓감이 부족하게 되자 처음에는 조선족 여성에서 찾다가 점점 동남아 등 제3국 여성으로 확대되어 이제는 외국인여성과의 결혼이 보편화되었다. 이런 다문화사회의 원인이 된 가족계획사업이 생산력 부족을 초래하는 인구감소, 노동력 고령화 나아가 이제는 초혼남과 이혼녀, 그리고 연상녀와의 혼인도 보편화된 상황에서 결코 성공한 국가정책이라고는 생각하지 않지만, 정부에서도 구체적인 대안도 없이 출산장려정책을 펴는 것도 그다지 바람직하지 않다.

-2015.12.20. 리걸 인사이트 칼럼-

14. 다시 찾아온 유커

중국정부가 사드 배치를 트집삼아 그동안 전면 금지했던 한국행 단체관광을 8개월만인 11월 28일부터 일부 해제하여 유커(遊客: 관광객)들이 다시 한국을 찾고 있다.

하지만, 중국정부가 왜 그동안 자국인들의 한국관광을 금지했으며, 지금은 어떤 이유에서 그 금지를 풀었는지 공식적으로 발표된 것은 없다. 또, 전면 해제도 아닌 산둥 성과 북경 두 지역의 국민들에게만 한국관광을 허용하는 조치를 발표하면서도 크루즈와 전세기를 동원한 단체 관광은 여전히 금지하고 있다. 더더욱 사드 부지를 제공한 롯데그룹이 운영하는 롯데호텔의 숙박이나 롯데면세점 쇼핑 등은 이용해서는 안 된다는 지침을 내렸다고 하는데, 중국정부의 이런 야비하고 졸렬한 처사는 롯데를 제물로 삼아 한국의 모든 기업과 한국인에게 본보기를 보이려는 심사가 뻔하다.

중국이 외국에 대하여 치졸한 경제보복을 한 것이 한두 번이 아니지만, 이렇게 노골적으로 '한국을 길들이겠다'는 심보는 한국을 얕봐도 이만저만 얕본 처사가 아닐 수 없다. 도대체 세상천지에 자국민의 해외관광을 외교 무기로 사용하는 나라가 또 어디에 있는지 모르겠다. 그런데도 우리정부는 중국이 한국여행 금지령을 풀어주어서 유커들이 한국을 찾게 된 것만으로도 감지덕

지한 모양새다. 왜 한국여행객의 발길을 묶었으며, 왜 해제했는지는 시쳇말로 묻지도 따지지도 않고 있다. 물론, 중국이 사드 배치에 시비를 거는 것은 미국의 중국 포위조치를 의식한 때문인데, 정작 미국에 대해서는 일언반구하지 못하고, 또 일본의 사드 레이더는 중국까지 전파가 미치는데도 아무 말도 하지 못한 채 오로지 만만한 한국에게만 '갑질'을 하고 있다. 결국 중국의 이런 처사는 우리정부의 대중국 대응자세에 커다란 문제가 있다고 밖에 생각할 수 없다.

우리정부가 삼국시대이래 조공국 신세였던 중국에 대한 저자세에서 벗어나지 못하기 때문인지 아니면, 북한과의 대화를 중재해달라는 저자세 외교의 결과인지 알 수 없지만, 기본적으로 대중국과의 외교의 기조를 바꿔야 한다. 만일 우리정부가 중국에 기대어 북한과 남북대화를 원하는 것이라면 큰 착각이다. 핵개발 성공과 대륙간 미사일 발사 성공으로 기고만장해진 북한은 이미 우리정부는 안중에도 없이 미국과 직접 대화하겠다는 자세인데, 우리가 국가의 자존심과 국격을 생각하지 않고 중국에만 애걸복걸하는 모양새는 어리석다고 하지 않을 수 없는 일이다. 관광업계의 발표에 의하면 유커들은 예전에는 쇼핑을 하러 홍콩을 선호했지만, 근래에 비용이 비교적 저가인 한국과 태국을 많이 찾는다고 한다.

그런데, 중국 베이징상보(北京商報)는 "중국에서 판매하는 한국 단체관광은 대체로 1,500~3,000위안(약 27만~54만원)선이고, 4,000~5,000위안(약 71만~89만원)이면 중 · 고급 프로그램에 속한다"고 보도하면서 정상적이라면 중국의 현지여행사가 한국을 찾는 단체관광객을 모으면 한국여행사에게 숙박 · 식사 · 교통 등 관광비용 일부를 지급해야 하지만, 현실은 오히려 한국여행사가 그 단체관광객을 받기 위해서 유커 1명당 400위안(약6만 6,000원) 안팎의 돈(人頭稅)을 중국여행사 측에 지불한다는 것이다.

그러다보니 한국여행사에서는 적자를 벌충하고 이익까지 내기 위해서 유커들의 숙소를 가급적 수도권에서 멀리 떨어진 값싼 곳을 찾고, 또 음식도 저렴한 식당만 찾아다닐 수밖에 없으며, 문화유적지 관광보다는 쇼핑센터와 면세점을 돌아다니며 쇼핑하도록 한 뒤 이들 업체로부터 구매액의 20~40%를 수수료로 받아 챙긴다고 했다. 또, 신문은 중국 가이드든 현지 가이드든 대부분 월급을 따로 받지 않고 대개 1~10% 수준인 쇼핑수수료를 받고 생활하는데, 유커 한사람이 20만 위안(약 3,500만원)짜리 명품시계를 구매하면 그 수수료를 1%만 챙겨도 이윤이 상당한 쇼핑센터와 먹이사슬이 형성되고 있다면서, 한국 단체관광 상품은 2,000위안(약 36만원) 선이고, 최고 8개소의 쇼핑센터나 면세점을 방문하고 있다며 한국의 관광 실태를 비웃고 있다.

그동안 우리는 유커들이 한국 상품의 품질이 좋아서 동대문시장이나 남대문시장과 명동을, 그리고 성형미용 수술 등을 하러 한국을 많이 찾는 것으로 알고 은근히 기고만장 했었지만, 실상은 이렇게 쇼핑 수수료를 챙기려는 한국여행사들의 빛 좋은 개살구였던 것이다. 이제라도 한국의 여행사들이나 쇼핑센터와 면세점, 그리고 강남의 성형외과 의원들은 가슴에 손을 얹고 리베이트를 포함한 물품가격 책정으로 한국의 이미지 저하를 초래한 사실에 대하여 깊이 반성해야 할 것이다.

한국관광공사 역시 지난해 한국을 방문한 외국인을 대상으로 조사한 설문조사 결과 중국과 태국 관광객의 한국 재방문율은 각각 29.5%, 39.4%에 불과하다고 했는데, 앞으로 중국인 관광이 더 확대될는지 여부지 알 수 없지만 유커들의 저가관광을 부추기는 관광업계의 과당경쟁이나 중국정부의 오만한 행태를 무비판적으로 받아들이는 우리정부 모두 반성하고 유커들에 대한 한국 방문 프로그램을 재정비해야 할 것이다.

-2017.12. 07. 고시 위크 칼럼

15. 1%의 미학(美學)

5월이 되면 산과 들은 새봄을 노래하는 꽃과 나무들이 화사한 자태를 뽐내기 시작한다. 오늘은 어린이날. 내일 모레가 어버이날. 물론, 이런 날들이 아니더라도 많은 사람들은 일찍부터 춥지도 덥지도 않은 5월을 '계절의 여왕'이라고도 불렀다. 일찍이 그리스철학자 아리스토텔레스는 인간은 홀로 세상을 살아나갈 수 없는 연약한 존재여서 모여서 살아야 하는 '사회적 동물'이라고 말했지만, 우리 주위에는 아직 그렇게 오순도순 모여서 5월의 아름다움을 함께 보고 즐길 수 없는 이웃들이 많다.

옛날부터 가난 구제는 나라에서도 어찌 할 수 없다는 말이 전해오고 있지만, 우리는 전통적으로 기쁨은 함께 하고 슬픔을 서로 나누는 상부상조를 미풍양속으로 여기며 살아왔다. 그런데, 언제부턴가 이기주의와 경쟁주의가 난무하여 같이 숨 쉬고 사는 땅이건만 희로애락을 함께 하지 못하는 삭막한 세상으로 변해버렸다. 어떤 이들은 하룻밤에 수백 수천만 원씩을 물처럼 탕진하기도 하지만, 어떤 이는 단돈 1만 원짜리 한 장을 벌기 위해서 이른 새벽부터 늦은 밤까지 힘들여 일하기도 하고, 어떤 이는 그나마 그렇게 일할 기회조차 얻지 못해서 하루하루를 힘들게 연명하며 살기도 한다.

사실 자본주의의 장점은 창의력에 의한 이윤추구로서 개인의 행복을 얻는 것이지만, 다른 한편 그런 이기심은 '더불어 사는 사회'를 파괴하는 주요원인이 되기도 한다. 어느 통계는 2008년도 국내 부동산의 공시가격 총액은 3,825조원으로 아파트, 단독, 연립, 다세대주택 등이 1,569조원, 상가 등 건물이 222조원, 주택의 부속토지를 제외한 토지가 2,034조이라고 했다.

사실 공시가격은 주택의 경우는 시가의 80% 정도를, 토지는 50% 수준만 반영하고 있어서 토지의 실제 가치는 약 7,000조 정도 되는 셈인데, 5,000만 국민 중 1%가 전 국토의 57%를 소유하고 있다고 하니, 결국 약50만 명은 가구당 3인으로 계산하더라도 15만가구가 약7,000조의 토지를 소유하고 있는 셈이 된다. 숫자상으로 우리 사회에서 600억은 되어야 상위 1% 부자라고 할 수 있지만, 이 숫자에는 금융자산은 포함되지 않은 것이다.

그런데, 아이러니컬하게도 '더불어 사는 사회'를 만들자고 외치는 사람들은 오래 전부터 소득의 1%만 어려운 이웃에게 나눠주자고 호소하고 있지만, 그들의 목소리는 아직 이들 슈퍼 리치(Super Rich)에게는 들리지 않는 것 같다.

유럽에서는 평소 하는 일 없이 빈둥거리다가도 국가가 위기를 맞으면 솔선하여 무기를 들고 전쟁터에 나가서 기꺼이 목숨을 바칠 뿐만 아니라, 전쟁비로 거액의 재산까지 내놓은 것을 당연한 의무로 여기는 제후들의 행동을 '가진 자들이 국가를 위한 마지막 희생정신'이라고 믿고 있지만, 우리 사회에서는 온갖 이득을 독점하면서도 매년 말 1회성 불우이웃돕기 행사에 성금을 내는 것으로 책임을 다한 것처럼 행세하고 있다. 이들을 어찌 유럽의 노블리스 오블리제(Noblesse Oblige)와 비교할 수 있을까?

관직을 버리고 낙향한 중국 동진의 도연명(陶淵明)은 '사람이 아무리 호강하여 네 마리의 말이 이끄는 마차를 타고, 기마병이 줄을 지어 호위한다고 한들, 편히 쉴 곳은 오직 얼굴과 무릎이 맞닿을 좁은 마차 안뿐이니 고대광실이 필요 없다'며 귀거래사에서 용슬지이안(容膝之易安)을 읊었지만, 우리의 현실은 부자나 재벌들은 물론 수십억의 재산가와 한해에 몇 억 원씩을 늘이는 신통력을 가진 고위공직자들조차 솔선수범하는 1%의 미학을 외면하고 있다.

IMF외환위기를 채 벗어나지도 못한 상태에서 겪은 리먼브라더스의 금융위기로 개인채무가 1,400조를 넘어 선 우리는 제아무리 강력한 경제회복정책을 편다 해도 당분간 소비증가며 회생이 어렵다고 한다. 게다가 현재 OECD 29위의 복지수준으로는 빈부의 양극화 양상과 저 출산 · 고령화 현상으로 점점 나라가 퇴영한다고 아우성인데, 부자도 하루 세끼, 거지도 하루 세끼라는 평범한 선인들의 말을 스스럼없이 받아들여질 방도는 없는 것일까?

모두가 1%의 미학을 실천하는 국민운동이라도 펼쳤으면 좋겠다.

-금강일보 2010. 5. 5. 칼럼-

16. 원초적 본능

올해 초등학교를 졸업하고 중학생이 될 13살 된 여학생이 자기 집에서 실종된 지 열 하루 만에 옆집 옥상의 물탱크 속에서 주검으로 발견되었다는 뉴스는 하루 종일 마음을 우울하게 했다. 경찰이 빈집에 숨어있던 용의자를 놓쳤다거나 피해자 집 주변을 샅샅이 수색하면서도 사체가 발견된 장소에 대한 수색은 소홀이 하였다는 점들은 결과론이고, 당시의 여건상 경찰의 한계였다고 이해 못할 일도 아니다. 그러나 다른 어느 나라보다 인륜을 중시하는 우리 사회에서 이런 반인륜적인 범죄가 많이 발생한다는 것은 큰 수치가 아닐 수 없다.

요즘처럼 세상살이가 힘든 때에 이런 성범죄와 살인사건까지 횡행해서 더욱 인심을 흉흉하게 하니, 당장 범인을 붙잡아서 우리 사회에서 격리시키는 것이 필요하다. 장기적으로는 이런 범죄에 대한 정확한 원인분석과 그 대책을 세워서 이런 흉악한 범죄를 없애도록 해야 할 것이다.

성범죄와 관련해서 생각해보게 되는 것은 성매매 문제인데, 물론 모든 성범죄가 성매매와 직결되는 것은 아니지만 동서양을 불문하고 성매매는 고대부터 내려온 제도라는 것이 공공연한 학설이기도 하다. 우리나라에서는 일본의 영향력이 점점 커지던

1904년 일본이 조선에 거주하는 자국인들을 위하여 공창(公娼) 제도를 도입한 것이 그 시초라고 하는데, 일본의 공창은 특정지역에 한정하여 허가하였으나 조선에서는 이러한 제한이 없이 허용되었다고 한다. 또, 매춘내지 공창은 일본이 종군위안부로 했던 정책에서 알 수 있듯이 일제 강점기에 공공연히 인정되어서 1930년대 세계적인 불황을 겪으면서 술시중만 들던 기생이나 작부 등까지 돈을 받고 성을 파는 사창(私娼)으로 확대되었다.

해방 이후 공창은 폐지되었으나, 사창은 공공연히 존재하다가 참여정부 때에야 비로소 사라졌다. 그 이후 국내에서는 매춘이 어려워지자 동남아로 매춘 관광여행을 떠나는 남성이 늘어나면서 더러는 현지 경찰에 체포되어 형사처벌은 물론, 국가 이미지 추락을 자초하고 있는 것은 1960년대 한국으로 기생관광에 나선 일본인들을 연상시키고 있다. 또, 1980년대부터는 급속한 경제성장의 이면에 어른들이 성에 대한 올바른 판단이 미약한 여중·고생에게 일정액의 용돈을 주고 성관계를 맺는 이른바 원조교제가 일본에서 수입되어 큰 충격을 주었는데, 지금도 독버섯처럼 만연하고 있다. 그러나 이런 비정상적인 성 관계는 필연적으로 원하지 않은 임신과 낙태 나아가 영아살인이라는 범죄는 물론, 생명경시 풍조와 10대 미혼모의 증가로 큰 사회문제가 될 뿐 아니라 마약, 살인, 국제적인 인신매매 범죄로 확대될 가능성이 많다.

대부분의 국가에서는 성매매 업소의 소유와 성매매 알선행위를 금지하고 있으며, 우리 정부도 2004년 3월 [성매매방지 및 피해자보호 등에 관한 법률(성매매 특별법)]을 제정해서 매춘행위를 엄격히 단속하면서 외관상 윤락가와 매춘업은 사라졌다. 하지만 매춘녀와 포주들은 여전히 주택가나 원룸 오피스텔 등으로 숨어들어 변태적인 활동을 계속하고 있어서 이전보다 단속이 훨씬 더 어려워졌다고 한다.

이 시점에서 우리는 사회적으로는 윤리교육을 보다 강화해야겠지만, 성적 욕구를 해소하지 못하는 많은 비정상적인 남녀들에 대해서 사회적 합의로 배출할 수 있는 통로를 마련해 줄 필요가 있다고 생각한다. 외국에서는 공창을 허용하는 국가와 반대하는 국가로 나눠진다.

합법적으로 성매매를 인정하는 국가들은 공창제도를 허용하고, 성 산업종사자들을 버젓한 하나의 직업으로 인정하고 있다. 즉, 오스트레일리아의 빅토리아 정부가 1984년 세계 최초로 성매매를 합법화 한 이후 독일 · 영국 · 스위스 · 네덜란드, 오스트리아, 터키, 헝가리, 뉴질랜드 등 세계 39개국이 성매매를 합법화하고(54.2%), 미국, 캐나다, 멕시코, 벨기에, 이란, 이스라엘 등 9개국은 제한적으로 합법화 했다(12.5%). 물론, 프랑스, 스웨덴 등 소수의 유럽국가와 한국을 비롯한 중국 등 대부분의 아시아 국가, 사우디아라비아, 아랍에미리트, 오만, 파키스탄, 수단, 예멘 등 아랍국가 들은 성매매를 금하고, 벌금, 징역, 사형에 처하고 있다.

세계적인 흐름이 이와 같고, 또 앞으로도 인간의 본능적 욕구를 완전히 통제하거나 조절되기를 기다린다는 것은 거의 불가능한 일이다. 그렇다면, 건전한 다수의 국민들의 안전을 도모하고, 비정상적인 남녀들의 삶의 질 향상을 위한 차원에서라도 필요악

(necessary evil)처럼 성욕구 해결을 위한 배출구를 만드는 방안을 신중하게 고려해 볼 필요가 있다. 즉, 이혼이나 배우자와 사별, 그리고 신체나 정신이상 등의 사유로 혼인 적령기를 지났으나, 성적 욕구를 배출할 수 없는 성인들의 욕구를 해소해줄 방법이 전혀 없다.

그러다보니, 돈으로 성을 매수하지 못하는 일부 청소년이나 노인 등 저소득층에서 성욕의 배출처로 어리고 힘없는 미성년자들을 찾는 행위가 늘어나고 있다. 따라서 무조건 성범죄의 출구만 막으려고 할 것이 아니라 제도적 장치의 마련이 필요하다고 생각한다. 단기적으로는 일정지역에 공창을 허용함으로서 쓰레기 하수구처럼 성적 욕구를 발산할 수 있도록 숨통을 터주는 것이 비인간적인 범죄를 줄이는 하나의 수단이 될 것이라고 생각한다.

-2016.03.14. 리걸 인사이트 칼럼-

제4부

이런들 어떠하리

1. 동해물과 백두산이

"동해물과 백두산이……."

우리민족의 마음의 고향인 백두산을 비롯한 간도 일대를 중국이 자국 령으로 만들고, 또 삼국시대부터 우리가 차지하고 있던 동해바다와 외딴 섬 독도는 당연히 우리 것으로 알았지만, 기어코 사단이 생길 것 같다. 어제 주요뉴스는 국내 외국인학교에서 사용하고 있는 교과서의 70%가 '동해'를 '일본해'로 표기하고 있다고 보도했다.

교육부가 시 · 도교육청을 통하여 지난 8월 일본인학교 2곳을 제외한 전국 47개 외국인학교 · 국제학교 교과서를 전수 조사한 결과 동해의 지명 표기가 있는 교과서 33권 중 동해라고 단독 표기한 교과서는 한 곳도 없고, 24권(72%)이 '일본해'로 표기하고, 동해 · 일본해로 병기한 교과서는 9권(27%)이었다고 한다. 일본은 1894년 청일전쟁과 1904년 러일전쟁 때까지도 자국 정부에서 발행한 고지도에서 동해를 한국해 혹은 조선해(Sea of Corea, Sea of Korea)라고 표기하더니, 조선의 국권을 강타한 이후인 1929년 국제수로기구(IHO) 창립회원국이 되면서 국제수로기구 문서(해양경계)에 '일본해'로 단독 표기한 이후 국제적으로 통용되기 시작했다. 유엔 산하 국제수로기구에서 발간하는 지도『해양경계』는 세계 각국에서 지도에 바다이름을 표기할 때 기준이 되고 있는데, 1937년과 1953년에 나온 2판과 3판도 '일본해'라고 표시하고 있다. 이후에는 아직 개정판이 나오지 않았다.

우리가 주권을 빼앗긴 일제강점기 그리고 해방 후에도 6.25. 전란 통에 미처 다른 것에 관심을 쏟을 여유가 없던 동안 일본은 우월한 외교력과 기득권에 집착하는 강대국들의 관행으로 우리의 동해가 '일본해' 단독 표기로 굳어져버리고, 우리정부는 1991년 유엔 가입 직후인 1992년부터 동해(East Sea)와 일본해(Sea of Japan)의 병기표기를 추진했다.

정부는 역사적인 문헌 등을 통하여 일본 주장의 허구성에 적극 대응해야 했지만 그런 노력을 기울이지 않았다. 또, 만일 '동해'라는 지명이 고유명사가 아니라 사면이 바다인 섬나라가 아닌 삼면이 바다인 나라들이 자국의 '동쪽의 바다'를 의미하는 일반명칭으로 치부될 수 있어서 국제적인 지지 확보에 부적당했다면, '한국해 혹은 조선해'라는 지명으로 변경해서 관철하려는 외교적 노력을 기울였어야 했지만 이런 노력도 하지 않았다.

또, 국제수로기구 결의며 유엔 지명표준화위원회 결의 등에서 2개국 이상의 공유하는 지형물에 대하여 분쟁이 있을 경우에는 당사국들 간에 협의하도록 규정한 국제규범도 파악하지 못한 채 수수방관하다가 뒤늦게 단독 표기도 아닌 병기를 추진하는 처사는 정부의 무능을 그대로 보여준 결과가 아닐 수 없다. 사실 '동해'는 고유명사가 아니고 또 국제관례도 지명의 병기표기를 허용하지 않는 입장이어서 미국 · 영국 등은 일찌감치 국제수로기구에 동해를 '일본해'로 단독 표기한다는 것에 찬성하는 의견을 제출했다.

2008년 7월 일본이 초등학교 교과서에 독도를 자국령 '다케시마'로 표기하고, 영유권 경계선까지 표시하는 이른바 '일본교과서 파동'을 일으켰을 때에도 정부는 외교부가 할 일이라며 방관했으며, 우리가 독도를 실효적으로 지배하고 있기 때문에 감정적으로 대응할 경우에는 일본이 노리는 국제 분쟁지역으로 낙인찍히는 빌미를 줄 수 있다며 '조용한 외교(Quiet Diplomacy)'를 할 것이라고 했다.

순진한 백성들이야 '조용한 외교'란 말이 위정자들의 심오한 외교정책으로 알았지만, 시간이 지나면서 결국 그것은 국가 간 외교적 마찰에 적극적으로 부딪히며 해결하려고 하는 정책이 아니라 무시 내지 책임회피식 소극적인 태도에 불과했다는 사실을 알게 되었다. 이것은 과연 얼마나 무능하고 외교력이 빈곤한 정부였는지를 잘 말해주고 있다.

이렇게 10여 년이 지나는 동안 일본은 한국의 어리석은 대응을 비웃으며 초등학교부터 독도를 자기네 땅이라고 가르치는 한편, 외교적인 노력을 강화하여 국제적으로 동해는 전 세계 국가의 97%가 일본해로 공인되어 버렸는데, 뒤늦게 동해를 '일본해 · 동해'로 병기하겠다는 것이다. 결국 조만간 '일본해에 있는 섬' 독도도 다케시마로 일본에게 빼앗길 공산이 커졌다.

한편, 1999년 조직하여 사이버 상에서 민간외교 활동을 활발하게 벌이는 반크(VANK : VOLUNTARY AGENCY NETWORK OF KOREA)는 2000년까지만 해도 '동해 · 일본해' 병기가 7% 정도였다가 2009년에는 28%로 늘어나고, '동해' 단독 표기도 2009년까지는 고작 6건이었다가 2011년에는 21건으로 늘어났으며,

인터넷상에서 강자로 군림하는 구글 등에게 '동해 · 일본해' 병기 표시를 받아내서 지도를 고쳤다고 발표했다. 하지만, 그것이 대세를 장악하는 것은 아니라는 아쉬움이 크다.

-영주문학 2016년 제5호-

2. 베짱이 나라

아침저녁으로 제법 쌀쌀해지고, 담장 밑에서 귀뚜라미 우는 소리가 가을이 깊어졌음을 알리고 있다. 일요일이 추석이라고 대체휴일 하루를 보태서 추석연휴 나흘을 지나자마자 맞이한 시월도 벌써 두 번째 주가 지나가고 있는데, 다시금 한글날이 공휴일로 도사리고 있다.

국민으로서 이런 국경일이며 기념일을 즐겨야 하는 것이 마땅하지만, 지금 너나할 것 없이 경기불황으로 살기 힘들다고 아우성이다. 길거리에는 청년백수가 즐비한 상황에서 쉬는 날이 지나치게 많다고 생각하니, 금세 공휴일을 맞게 되는 마음은 그다지 평온하지 않다. 반면에 국민들의 눈높이는 한없이 높아져서 장기간 불황이 계속되는 상황에서도 소비지출은 줄어들지 않고 있다. 비록 위정자는 아니지만, 아직은 허리띠를 더 졸라매야 하는데도 마치 성장의 절정을 맞은 것처럼 행세한 1990년대 이후에 생긴 자만심이자 업보라고 생각한다. 외국 언론들은 이런 한국을 '샴페인을 너무 일찍 터트렸다'고 비아냥했었지.

2007년 중진국에서 선진국으로 가는 바로미터라는 국민소득 2만 달러를 달성한 이후 우리는 글로벌 금융위기로 8년째 침체의 구렁텅이에 빠져 헤어나지 못하고 있는데도, 과소비에 맛이 든 국민들은 마치 3만 불 이상의 선진국에 올라선 것처럼 행세하고 있다. 비록 놀더라도 힘들고 어렵고 더러운 일은 하지 않으려고 하다 보니, 십 수 년째 국민소득은 제자리걸음이고 청년백수는 기하급수적으로 늘어나고 있다. 이러다간 어쩌면 남미나 필리핀처럼 중진국 대열에서 다시 고꾸라지는 전철을 밟게 되는 것은 아닌지 걱정스럽기만 하다.

처음에는 산업연수생이란 이름으로 동남아 국가의 값싼 인력이 수입되었지만, 이제는 세계 각국에서 들어온 외국인 근로자가 170여만 명을 넘는다. 어떤 이들은 이런 현상을 국제화사회니 개방사회니 하고 그럴듯한 말로 표현하고 있지만, 분명한 것은 그들로 인하여 잉태되는 문화의 혼돈에서 빚어지는 사회혼란은 둘째 치고 그 숫자만큼 국내 일자리를 외국인 근로자에게 빼앗기고 있다는 엄연한 사실이다. 전국 곳곳의 건설현장을 비롯하여 무거운 짐을 짊어지고 일하는 근로자들은 대부분 동남아 국가의 근로자들인데, 이렇게 일자리가 있는데도 취업난이라고 아우성인 것은 눈높이가 높아져서 3D업종은 거들떠보지 않는 사회풍조 때문이다.

이제라도 청년실업을 줄이고 침체에 빠진 국민경제를 회복시키기 위하여 각자의 능력과 소질에 맞는 적성교육을 시행함으로서 해소할 수 있다. 비록 내 자식이 실력이 없어서 고등교육을 받지 못하고 청소부나 신문배달부가 되는 일이 생기더라도 초등학교부터 중학과 고등으로 진학하는 단계마다 입학시험을 치러서 정상적인 실력자를 걸러내고, 학력보다 적성에 맞는 기술계 학교나 전문대학으로 진학하도록 하는 교육제도 개혁이 필요하다.

내가 자란 1960~70년대의 교육제도가 그러했다.

그러기 위해서는 인간차별이 아니라 각 개인의 능력과 소질에 따라서 직업을 개발한다는 취지아래 중고등학교에서부터 실업계 교육시설을 많이 만들고, 곧바로 근로 현장으로 이어지는 실업전문교육기관을 확장해야 할 것이다. 그리고 고등실업자를 양산하는 이름뿐인 4년대 대학을 과감하게 기술계 전문학교로 전환하는 조치를 취해야 할 것이다. 수많은 청년백수들은 오늘도 거리를 오가면서 사회에 불만하고 있는데, 진정 이 땅에 개미는 사라지고 베짱이만 가득 찬 나라로 변질할까 두렵기만 하다.

-2015.10.20. 고시 위크 칼럼-

3. 한국을 떠나라?

요즘 우리의 하늘이 너무 어둡다. 예전에는 겨우내 얼어붙었던 몽고며 중국대륙의 토사가 이른 봄에 계절풍을 타고 한반도로 날아오는 황사가 대부분이었고, 그것도 이른 봄 잠시여서 그러려니 생각해왔다. 그렇지만, 근래에는 이런 현상이 일 년 내내 계속되는데, 황사뿐만이 아니라 석탄 · 석유 등 각종 화석연료를 태우거나 공장 · 자동차 등에서 배출되는 화학오염물질이 인체의 코점막에서 걸러지지 않고, 허파 속까지 침투해서 각종 호흡기질환은 물론 뇌졸중, 심장질환 등을 일으킨다고 한다.

1987년 미국은 공기 1㎤에 포함된 입자의 크기에 따른 대기 오염도를 측정하기 시작하여 미세먼지 농도지수(PM : ㎍/㎥)를 발표하고 있는데, 대기 오염도를 50㎍이하인 '먼지'와 그 이하인 '미세먼지'(PM : Particulate Matter)로 나누고, 미세먼지를 다시 입자의 지름 10㎛(㎍/㎥=1,000분의 10㎜이하)인 미세먼지와 지름 2.5㎛ 이하인 초미세 먼지로 세분하고 있다. 모래 알갱이 하나가 대체로 90㎍이고, 사람의 머리카락 한올 굵기가 50~70㎍인데 반해서 미세먼지의 입자 크기는 그 1/5 정도이고, 초미세먼지는 1/20 이하이니 얼마나 작은 것인지 잘 알 수 있다. 세계 각국도 미국의 기준에 따라 미세먼지지수를 발표하고 있다. 우리나라도 2014년 5월부터 수도권에서 시범적으로 미세먼지 예보를 하다가

2015년부터 전국으로 확대하여 미세먼지농도 지수를 좋음(0~30), 보통(31~80), 나쁨(81~150), 매우 나쁨(150~)등 다섯 단계로 나눠서 발표하고 있다. WHO는 미세먼지를 1급 발암물질로 규정하였다.

서울은 2013년에 딱 한번 미세먼지 주의보발령이 있었으나, 2017년에는 10일로 늘어나더니 올해는 3월 26일 현재 13일이나 되었다. 3월 27일에는 올해 4번째 고농도 미세먼지 비상조치가 발령 되는 등 해가 갈수록 상태가 심각해지고 있다. 2014년 WHO가 세계 179개국 도시의 초미세먼지 오염도를 조사한 결과 북미와 유럽 국가들은 대체로 5~15㎍ 수준이었지만, 우리나라는 27.8㎍로서 스리랑카 · 베트남 · 타이 · 필리핀 등과 함께 중하위권인 113번째에 속하다가 해가 갈수록 더 상태가 악화되고 있는 것이다.

2017년 대통령선거에서 문 대통령은 2022년까지 미세먼지 배출량을 30% 줄이고 대통령 직속으로 대책기구를 만들겠다고 공약했지만, 아직까지 괄목할만한 움직임은 없다. 무엇보다도 미세먼지의 발생 원인을 알아야 그에 따른 대책수립이 가능할 텐데 아직까지 원인이나 대책이 오리무중이다.

2016년 5~6월 한 · 미 과학자들의 공동연구 결과 한반도의 미세먼지 34%가 중국에서 발생한 것이라고 결론 내린 바 있지만, 중국정부는 지금까지 자국에서 발생되는 미세먼지는커녕 황사현상에 대해서조차 일체의 책임을 부인하고 있다. 그러면서 2022년 베이징 동계올림픽을 앞두고 2020년까지 베이징 주변의 공장들을 모두 산둥반도로 이전을 강력 추진하고 있어서 베이징의 대기상태는 크게 호전되고 있지만, 산둥반도로 이전된 수많은 공장과 석탄 화력발전소 등에서 뿜어져 나오는 오염물질은 한반도에 더 심각한 영향을 미치고 있다.

이런 사실은 각종 기상자료와 위성 영상 등으로 확인되고 있을 뿐만 아니라 최근 한국표준과학연구원은 중국의 춘절기간에 쏘아올린 폭죽이 초미세먼지로 국내에 유입된 사실을 최초로 규명해서 화제가 되기도 했지만, 미세먼지에 대한 우리정부의 자세가 얼마나 황당무계한지 잘 알게 하고 있다.

2016년 6월 환경부는 미세먼지의 원인이 자동차 배출가스와 고등어 등 생선을 구울 때 생기는 가스 때문이라고 발표했다.

도대체 우리국민들이 고등어를 얼마나 많이 구워먹기에 대기가 오염되었다는 말이냐며 국민들의 비난이 들끓자, 2017년 1월 국립환경연구원과 환경정책평가연구원은 초미세먼지에 대한 중국의 영향이 76%에 이른다고 수정 발표했다. 또, 지난해 어느 대학교수는 어떤 근거인지는 알 수 없지만, 중국발 미세먼지 비중은 44% 정도이고, 42%는 국내 오염원 때문이며, 그중 26%는 수도권에서 발생하고, 16%는 비수도권 지역에서 발생한다고 했다. 더욱 황당한 것은 금년 초 서울시는 미세먼지 대책이라며 출퇴근 시간 대 시내버스 · 마을버스 · 도시철도 요금을 면제하면서 1일 평균 48억 원의 예산을 썼지만 아무런 효과도 없고, 인기영합정책이라는 비난에 슬그머니 폐기하더니 공공차량 2부제 실시에 나섰다. 그리고 민간 차량에 대해서도 2부제를 추진하면서 위반 시에는 10만원의 과태료를 부과하겠다고 했다. 하지만, 과태료 부과가 미세먼지를 낮추는 대책이 될 수는 없다.

지금 정부는 매일 미세먼지 수치를 발표하면서 입자 차단기능이 있는 KF마스크를 쓰고 다니고 공기청정기를 준비해야 한다는 안내하는 정도이지만, 국민들은 정부에서 발표하는 미세먼지 수치조차 구글 등에서 발표하는 것과 큰 차이가 난다며 수치까지 조작하는 것은 아니냐며 비난의 목소리가 높다. 그리고 매일 일회용 KF마스크를 사용한 뒤 버리느니 차라리 화생방용 마스크를 준비하는 것이 더 낫겠다고 자조하기도 한다. 하지만, 마스크를 쓴 채 일상생활을 할 수 없고, 또 외출을 삼가야 한다고 하지만 출근과 등교까지 미룰 수 없지 않은가?

그렇다고 조상 대대로 살아온 한반도를 버리고 외국으로 이민을 떠날 수도 없다. 문득 몇 년 전 개봉되었던 외화 인터스텔라(Interstellar : 2014)에서처럼 새로운 행성을 찾아 지구를 떠날 계획을 세워야 하는 것은 아닌지, 미덥지 않은 정부의 미세먼지 발생에 대한 대책과 대중국 저자세가 국민을 더욱 분노하게 만들고 있다.

-2018. 4. 5. 고시 위크 칼럼-

4. 법과 정의

4월 6일 서울중앙지방법원은 1년여 동안 재판해오던 박근혜 전 대통령의 '비선실세에 의한 국정농단사건'에 대한 선고를 했다. 법원은 검찰이 기소한 뇌물수수 및 직권남용 등 18개 혐의 중 16개 혐의에 대하여 유죄를 인정하였으나, 검찰의 구형량인 징역 30년에는 미치지 못한 징역 24년과 벌금 180억 원을 선고했다. 법원은 판결문에서 대통령이 공적 조직을 이용하지 않고 그의 아버지부터 인연을 맺었던 최순실과 비선실세에 의한 공모관계를 인정하고, 형량이 무거운 뇌물 혐의 중 상당수를 유죄로 인정했다.

결론은 '공범' 최씨를 중심으로 하여 거미줄처럼 다양하게 얽힌 사건의 정점에 대통령이 존재했음을 밝혔다. 판결문에는 명시적으로 적시되지 않았지만, 그는 평소 집무실에 제대로 출근하지도 않고 총리, 비서실장, 장관, 수석들과 잘 만나지 않았다고 했다. 아직 국정원 특활비 수수와 20대 총선 공천개입 등 두 개의 재판이 남아있긴 해도 순 법률적으로 본다면 헌정사상 최초였던 대통령 파면의 정당성을 법적으로 추인한 것으로서 사실상 '국정농단 사건' 연루자 51명에 대한 1심 선고가 모두 끝났다.

최순실이 국정에 개입할 수 있게 한 것은 '수첩공주'라는 세간의 비아냥거림과 함께 그의 자질문제를 불러온 것이 국민에게 진 가장 큰 죄일지도 모른다. 하지만, 전 대통령은 재판과정에서 줄곳 자신의 범행을 부인하며, 최씨에게 속았다거나 비서실장 등이 행한 일이라고 주장하였을 뿐만 아니라 법원의 2차 구속기간 갱신이 끝난 후 별건구속으로 구속 연장을 결정하자 재판 자체를 보이콧했다.

물론, 법조계 일각에서도 1심 구속 기간(6개월)이 끝난 뒤에는 불구속 상태로 재판을 진행하는 것이 바람직했다는 의견도 있었지만, 대통령을 역임했던 인물로서 법치주의의 기본조차 몰각한 것인지 아니면 자기 확신의 결과였는지 몰라도 그러한 쟁점까지 법정에서 다투었어야 했다. 그런데도 법정 출석거부라는 행태는 용인되기 힘든 일이라고 하지 않을 수 없다. 전국에 생중계되고 외신이 긴급 타전할 정도로 세계적인 이목이 집중되었던 이날 선고 법정의 피고인석에는 피고인인 전 대통령은 보이지 않고, 국선변호인 두 명만 자리를 지켰다.

이 재판을 놓고 정당한 법의 심판이라고 보는 시각과 오류와 편견에 사로잡힌 판결이라는 비판도 있다. 당장 삼성그룹 이재용 회장의 뇌물관련 재판에서 인정되었던 안종범 전 수석의 메모가 전 대통령의 재판에서는 부인되기도 했는데, 이런 모순은 최종적으로 대법원에서 판단될 것이다. 이것이 민주국가에서 삼심제도를 둔 실질적 가치이기도 하다.

이 시점에서 우리 모두 생각해보아야 할 점은 헌정사상 대통령이 되었던 인물들 중 임기를 마치고 제대로 노후를 즐기는 이가 하나도 없다는 사실이다. 그것은 우리국민들이 합리적인 판단에 의하지 않은 투표도 문제이지만, 무엇보다도 대통령이 되었던 본인들의 국가관 때문이라고 생각한다. 가령, 제헌헌법은 대통령의 3선중임을 금지하였는데도 초대 대통령은 3선 중임제한을 개헌하여 정권을 쥐었다가 3.15 부정선거로 자유당정권이 무너지면서 망명길에 나서 이국에서 눈을 감았다. 또, 자유당 정부의 대통령제에 대한 반작용으로 태어난 내각제의 2공화국도 여러 원인이 있지만, 결국 정치군인들의 쿠데다로 무너졌다.

그렇게 정권을 잡은 군부는 민정복귀를 호언하였지만, 결국은 정권을 버리지 못하고 스스로 군복을 벗은 민간인이 되어 대통령이 되었으나, 3선 중임제한으로 연임이 불가능하자 또다시 편법인 유신헌법으로 영구집권을 획책하다가 무너졌다. 12.12. 쿠데티로 정권을 잡은 신군부 정치군인들이 정권을 유린하다가 6.29 선언으로 몰락하는 등 초대 대통령부터 직전 대통령까지 국가와 국민을 위한다는 선서와 달리 정권유지와 사리사욕으로 망명하거나 피살되고, 직전 대통령까지 다섯 명(한명은 수사 중 투신자살)이나 사법 처리된 불행한 현실에서 과연 제도가 문제인지 사람이 문제인지 곰곰이 생각해보아야 한다. 혹자는 이것이 우리 헌법의 제왕적 대통령제가 낳은 구조적인 병폐라고 말하지만, 그 대통령제를 처음 채택한 미국은 200여 년 동안 큰 무리 없이 잘 채택하고 있다는 점을 생각해보면 이것도 정답은 아닌 것 같다.

-2018.04.12. 고시 위크 칼럼-

5. 테미도르 반동

지난가을에 시작된 탄핵정국은 결국 대통령의 파면으로 7개월가량 앞당겨진 5월 9일 보궐선거에서는 예상대로 제일야당의 후보가 41% 지지를 얻어 당선되었다. 정상적인 선거였다면 금년 12월 임기만료 60일 전에 대통령을 뽑고, 당선자 측에서는 대통령직인수위원회를 통해서 순조롭게 정권 이양과정을 거쳐 취임하였겠지만, 이번 대선은 법적으로나 시간적으로 그런 절차를 거칠 수 없는 상황이 되었다. 또, 대통령을 배출한 신 여당은 국회에서 안정 의석을 확보하지 못한 상태이고, 52%의 지지를 얻어 당선되었던 직전 대통령은 탄핵 직전에 5%대로 추락했다가 직전 대통령이 속했던 구여당은 24%의 지지로 2위로 부상했다. 그 결과 신 야당은 선거기간 내내 현재 진행 중인 직전 대통령 탄핵의 원천무효를 주장하더니, 신정부 출범 이후에도 같은 주장을 계속하며 새 정부의 내각구성, 헌재와 대법관 임명 등 헌법기관 구성에서 사사건건 제동을 걸 가능성이 많아 보인다.

1789년 7월 제3계급이 바스티유 감옥 습격을 계기로 시작된 프랑스대혁명은 루이 16세와 왕비 마리 앙투아네트를 '루이 15세 광장(콩코드 광장)'에서 처형하고 앙상 레짐(Ancient Regime)의 상징인 군주제 폐지와 자유 평등을 선언하자, 주변 국가들은 혁명의 여파가 자국에까지 파급될까 두려워했다. 특히 마리 앙투아네트 왕비의 모국 오스트리아를 비롯하여 유럽의 강대국인 영국, 프로이센 등은 동맹하여 프랑스 공격에 나섰다.

그러자 수많은 프랑스 시민들이 자발적으로 전쟁에 참전했지만, 물가는 크게 오르고 생필품 부족으로 경제위기가 극심해지자 왕당파를 비롯한 반혁명세력의 목소리가 점점 커졌다. 이렇게 내우외환에 직면한 혁명정부는 1793년 로비에스피에르를 중심으로 하는 급진 자코뱅파가 온건파를 몰아내고 정권을 장악하더니, 곡물과 생필품의 가격통제, 귀족의 토지를 몰수하여 무산시민의 인기를 얻었다.

한편, 공안위원회와 혁명재판소를 만들어 반대파들을 체포하여 무자비하게 단두대에서 처형하는 공포정치를 자행했는데, 1793년 6월 10일부터 7월 27일까지 40여 일 동안에 무려 1,000여 명이 단두대에서 처형되었다.

그러자 초기에는 자코뱅파를 열렬히 지지하던 시민들도 자신이 언제 어떤 죄목으로 단두대로 끌려갈지 모르는 불안에 휩싸여 로베스피에르의 인기는 점점 떨어졌다. 마침내 로비에스피에로는 독재자라는 죄목으로 1794년 7월 단두대에서 처형되었는데, 사람들은 급진적으로 혁명을 추진하던 로베스피에르 처형사건을 테르미도르의 반동(Thermidorian Reaction)이라고 말한다. 테르미도르란 혁명 때 제정된 혁명력의 11번째 달을 의미하며, 테르미도르 반동이후 온건적인 지롱드파가 정권을 잡으면서 공포정치는 사라졌다.

이후 5명의 총재가 담당하는 총재 정부 · 통령 정부 등이 잇달아 출현했으나, 계속되는 경제난과 재정난을 극복하지 못하고 마침내 1814년 나폴레옹 정권이 실각하자 샤를 10세가 즉위하여 부르봉왕조의 왕정복고(Restoration)가 되었다.

이런 사례는 영국에서도 찾아볼 수 있다. 청교도파가 장악한 의회와 마찰을 겪던 찰스 1세가 종교와 시민의 자유를 극도로 억압하여 벌어진 내란(1642~1648)에서 찰스 1세와 왕비를 처형하여 스튜어트왕조가 무너지고 크롬웰은 공화정치를 시작했지만, 1658년 크롬웰이 죽자 국민들은 불안을 느끼고 1660년 프랑스에 망명중인 찰스 1세의 아들 찰스 2세를 영입하여 왕정복고가 된 것이다. 민주정치가 정착되는 과정에서 희생되는 목숨과 피에 '민주주의는 피를 먹고 자란다'고 말하는 정치학자들도 있다. 사실 대통령이 탄핵으로 파면되고 구속되어 재판을 받는다는 것은 대통령 개인의 수치이자 불명예일 뿐 아니라 국가의 수치이고 국력의 낭비가 아닐 수 없다.

그런데, 구여당 등 보수 세력은 탄핵무효화 시도와 더불어 구여권에서 분당하여 창당했던 구여당의 국회의원 중 절반가량인 14명이 창당후 불과 100일도 지나지 않아 또다시 신당을 집단 탈당해서 구여당으로 복당하는 반동적인 행태가 걱정스럽다.

물론, 이들의 명분은 선두주자인 진보적인 야당후보의 당선을 저지하기 위하여 보수 대연합이 필요하다는 것이지만, 탈당하면서 창당하던 정치인의 신념이나 창당이념은 어디서도 찾아볼 수 없었다. 더더욱 코미디는 그렇게 탈당하여 복당을 시도했으나 구여당으로부터 배신자로 입당이 거절되자 다시 창당했던 신당으로 되돌아온 모습은 분노를 넘어서 측은한 동정심까지 생긴다.

정치인은 국가와 국민을 위해서는 정치적 소신도 변경될 수 있는 것이지만, 이처럼 신념도 지조도 없는 모습은 앞으로 같은 상황이 벌어진다면 얼마든지 또다시 반복할 행태여서 우리 사회에서는 영원히 도태되어야 할 것이다.

이들의 행태를 지켜보노라면 구여권 세력이 결집해서 재판 중인 전직 대통령의 무죄나 사면 같은 조치를 요구한다면, 21세기 테르미도르 반동으로 평가받을 가능성이 사라진 것에 안도하면서 새 대통령은 선거과정에서 표출된 정당과 후보자간의 갈등과 반목을 치유해서 화합하는 것이 첫 번째 과제라고 할 것이다.

-2017. 5.10. 리걸 인사이트 칼럼-

6. 비뚤어진 눈(斜視)

정부는 10월 24일 원전폐쇄에 대한 국민여론을 근거로 신고리 5 · 6호기 건설 재개와 함께 신규 원전건설 백지화, 기존 원전의 수명연장 불허 방침을 공식화했다. 핵위협으로 원전을 폐쇄한다는 탈(脫)원전 정책은 대통령의 선거공약이라고 했다. 물론, 우리의 원전이라고 절대 안전하다고 장담 할 수 없지만, 사실 이런 정책은 이미 대형 원전사고가 발생했던 구소련의 체르노빌(1986.4.)나 쓰나미로 인한 후쿠시마 원전사고(2011.3.)를 겪은 일본 등의 정치지도자에게서 나온 선거공약이었다면 일응 수긍할 수 있겠지만, 지난 40년 동안 한 번의 사고도 없었을 뿐만 아니라 세계 각국의 핵전문가들이 가장 안전하다고 평가하는 한국에서 나왔다는 것은 잘못된 선택이라는 생각을 지울 수 없다.

지난해까지만 해도 우리는 한국수력원자력이 7년간 2,000여억 원의 예산을 들여서 개발한 '원자로 APR+'가 국제원자력기구(IAEA)로부터 발전 용량과 효율 · 안전성 등에서 이전 모델인 'APR 1400'은 물론 외국의 원자로들보다 한 단계 위라는 평가보고서에 힘입어 조만간 우리가 세계 원전시장을 장악할 것이라고 자신하고 있었다. 즉, 2011년 일본 후쿠시마 원전사고가 발전기의 침수로 전원이 꺼지자 냉각 시스템이 작동하지 않아서 피해가 커졌지만, 우리가 개발한 'APR+'는 중력 등 자연력에 의해서 냉각수를 끊임없이 공급하는 시스템이어서 후쿠시마 원전사고와 같은 사태에 100% 대비한 국내기술이기 때문이다. 또, 이전 'APR 1400' 모델은 미국 웨스팅하우스가 원천기술을 주장하여 중국 수출에 실패했지만, 이번에는 수출을 위하여 사전에 미국 원자력규제위원회에 표준설계 인가 심사까지 받았는데도 정부의 탈원전 정책으로 세계 최첨단수준의 기술이 사장될 위기에 직면했다.

정부 방침대로라면 국내 가동 원전은 올해 24기에서 2022년에 28기로 정점에 도달했다가 2031년 18기, 2038년 14기로 줄어들어서 신고리 5 · 6호기의 수명이 끝나는 2083년이 되면 하나의 남지 않게 된다. 하지만, 미국은 가동 원전 99기 중 최초 운영허가기간 40년에 20년 연장 운전을 승인받은 원전이 금년 6월 기준으로 84기나 되며, 그중 11기는 이미 연장가동에 들어갔다. 그뿐만 아니라 세계적으로도 원전 450기 중 30년 이상 가동하고 있는 것이 60%, 40년 이상 가동된 것이 18%나 되는데도, 우리정부는 왜 국제적 조류와 거꾸로 가는지 모르겠다.

월성 원전 1호기는 운영기간 30년의 만료에 앞서 7,000억 원을 들여서 원전에서 가장 중요한 압력관을 교체하는 등 대대적인 설비 교체작업을 마치고 2022년 11월까지 10년을 연장하기로 결정되었지만, 올 연말에 조기 폐쇄한다면 설비용량, 평균가동률, 전력 단가 등을 감안할 경우에 설비교체의 매몰비용은 물론 4년 11개월 잔여기간 동안의 전력생산 손실 예상액만도 1조 4,991억 원이나 된다. 그밖에도 원전폐쇄로 인한 전기부족으로 겪는 불편,

나아가 새로운 수력이나 화력발전소 건설에 필요한 막대한 예산, 또 그 기간 동안 전기부족에 따른 전기요금인상부담을 어떻게 할 것인지 걱정스럽다.

월성 1호기 이외에도 2030년까지 허가기간이 1차 만료되는 원전이 10기가 더 있지만, 이런 설비들도 모두 수명 연장을 승인받지 못하게 된다면 1기당 손해 보는 전력판매 손실예상액은 무려 4조 5,000억 원에 달한다고 한다. 이미 경북 울진에 건설 예정이던 신한울 3 · 4호기는 설계용역이 중단됐고, 영덕에 건설예정이던 천지 1 · 2호기도 부지 매입과 환경영향평가가 중단되는 등 4기의 건설 중단되어 그 설계용역비, 지역지원금, 협력사 배상 예상금 등을 합친 매몰비용만 1조원에 달한다.

결국 새 정부 출범 후 신고리 3개월 가동 중단, 신한울 · 천지 원전 건설 포기, 월성 1호기 조기 폐쇄로 인한 피해액은 거의 3조원에 달한다고 하는데, 이 막대한 예산은 누가 부담하며, 매몰된 비용은 누구의 손실이 될 것인가?

새 정부는 원전 비중을 축소하는 동시에 현재 7%인 신재생에너지 발전량 비중을 2030년까지 20%로 확대하겠다고 하지만, 그 기간 동안 전력의 절대부족은 피할 수 없고 또 전기요금 인상도 불을 보듯 뻔하다.

생각해보면 아무리 대통령의 선거공약이라고 해도 국가의 기반사업인 에너지 정책을 국민여론의 공론화와 국민의 대표인 국회의 토론과정도 거치지 않고 대통령 한 사람의 결정으로 막대한 국가예산과 최첨단 원전기술을 매몰시키는 것이 과연 온당한 결정일지 의문이다. 당장 에너지 전문가들도 "정부의 탈원전 정책은 국내 전력수급을 감안하지 않은 조치"라며 반발하고 있다. 더더구나 자국에서는 탈원전 정책을 추진하면서 원전을 수출하려고 하는 행태에 대해서 세계 여러 나라로부터 불신과 함께 비판을 받고 있다. 나아가 앞으로 고급인력인 국내 원전기술자들은 실업자가 되어 길거리로 내몰리거나 일자리를 찾아서 외국으로 나서게 될 것이어서 적잖은 반발의 목소리가 터져 나올 것 같다.

-2017.11. 2. 고시 위크 칼럼-

7. 천리안 위성

서양에서는 문화의 원류인 그리스 · 로마시대의 신화에서 거의 모든 역사나 사람의 이름을 많이 차용하고 있는데, 동양에서도 중국의 신화나 전설에 많이 의존하고 있다. 가령, 2010년 6월 우리나라 최초의 통신해양기상위성(COMS : Communication, Ocean and Meteorological Satellite) '천리안(千里眼)'도 중국 도교(道教)에서 나오는 수호신의 이름이다. 천리안은 천리 밖의 사물을 볼 수 있는 능력을 갖고 있으며, 순풍이(順風耳)는 바람을 타고 들려오는 천 리 밖의 소리를 들을 수 있는 귀를 가지고 있다고 한다.

2003년부터 우주개발 프로젝트의 하나로 해양관측 · 기상관측 · 통신 등 3가지 임무를 위한 천리안 위성은 2010년 6월 27일 남미 프랑스령 기아나의 꾸르 우주센터에서 발사되어 적도 상공 36,000km, 동경 128.2도에서 지구를 돌면서 관측 업무를 수행하게 되었다. 정지위성인 천리안 위성의 발사 성공으로 미국, 중국, 일본, EU, 인도, 러시아에 이어 세계 7번째 기상관측위성 보유국이 되었다. 정지위성이란 위성이 하늘에 붙박이처럼 정지되어 있는 것이 아니라 위성이 지구의 자전 속도와 같은 속도로 지구를 돌기 때문에 지상에서 볼 때에는 마치 위성이 제자리에 정지한 것처럼 보이기 때문에 붙여진 명칭이다. 그렇지만, 사실 천리안의 기상관측 센서는 미국 ITT사 주문 제작이고, 기상자료 처리 시스템(CMDPS)만 국립기상연구소에서 프로그래밍 했다. 또, 통신 탑체(搭體)와 관제시스템은 전자통신연구원(ETRI)에서 개발했지만, 프랑스 EADS의 아스트리움과 공동 개발한 가시광선과 적외선을 탐지하는 5개 채널을 채택하는 등 다국적 기술연합의 산물로서 약3500억 원에 개발비가 투자된 합작품이어서 우리 위성이라고 말하기도 조금은 민망하다.

아무튼 프랑스 아리안스페이스(Arianespace)사의 아리안-5ECA 발사체에 의해서 발사된 천리안은 일반적인 통신위성의 수명은 12~15년 정도로 길지만, 기상위성은 관측을 위한 구동장치들이 많이 마모되어서 5~7년 정도로 짧아서 금년 6월에 설계 수명이 다했다고 한다.

그런데, 하나의 위성을 여러 기관에서 나눠서 관리한다는 것은 천리안위성의 다양한 기능 때문이라고 하지만, 천리안의 3가지 임무 중 한국항공우주연구원이 위성의 총관리를 맡고, 국가기상위성센터에서는 기상 탑재체를, 한국해양연구원의 해양위성센터에서는 해양 탑재체를, ETRI(한국전자통신연구원)의 통신시험지구국에서는 천리안에서 보내오는 정보를 각각 분석하는 업무를 맡게 되어 운용면에서는 많은 문제점을 안고 있었다.

그러자 감사원은 지난해 8월 기상청이 폭염이 꺾이는 시점을 네 차례나 바꿔서 발표하고, 또 9월 전 국민을 공포에 떨게 했던 경주 지진 발생 때에도 문자메시지로 조기경보가 전파되는데 10분이나 걸리는 등 커다란 문제점이 발생하자 감사를 시작한 지 일 년 만인 8월 22일 감사결과를 발표했다.

감사원은 기상청이 천리안의 관측자료 활용기술 개발을 소홀히 하는 바람에 설계수명 7년이 다하도록 해당 위성자료를 한반도 예보에 써먹지 못한 것으로 드러났다고 했다. 그 결과 비가 내릴 것으로 예보한 5,193회 중 실제 비가 온 경우는 3,228회로서 62%에 그쳤고, 비 예보를 하지 않았는데도 비가 내린 경우도 1,808회나 되는 등 최근 5년(2012~2016년)간 수치 예보 정확도는 평균 46%에 불과했으며, 지난해 발령된 세 차례의 지진 조기경보 발령에 일본은 평균 소요시간이 7.2초이었던 것에 반해서 기상청은 26.7초가 걸렸다는 것이다. 또, 현재 지진 조기경보 발령 조건은 '최소 15개 관측소에서 20번 이상 P파를 탐지하고 20초 이상 지속될 때'로 설정되어 있는 것도 잘못되어서 관측소를 절반가량 줄인 '8개 관측소 탐지'만으로도 지진조기 발령 오보율을 12~17초 정도 줄일 수 있다고 했다. 더구나 지진 관측망 구축에서도 국토의 20%를 누락시켰다고 했다.

이에 대해서 기상청은 천리안 위성의 관측 자료를 이용하지 못한 이유는 가령, 바람 관측의 경우 기상청의 국지(局地)예보 모델의 해상도는 1.5㎞ 간격인데 반해서 천리안이 보내온 자료는 64㎞ 간격이고, 기온 · 습도 관측도 기상청 해상도는 1.5㎞ 간격인데 반해서 천리안의 자료는 28㎞인 해상도 프로그램 탓이라고 해명(?)했다.

아무튼 감사원 감사결과로서 최근 몇 년간 일기예보가 이전보다 더 맞지 않는다는 것을 국민들이 피부로 느낀 원인이 밝혀진 셈이다. 다만, 이제 국민들은 천리안 발사 전에 설계한 해상도프로그래밍을 이처럼 어처구니없게 구성한 책임을 추궁해야 할지,

천문학적인 예산을 투입하고서도 기상예보를 절반도 맞추지 못하는 기술체제를 계속해야 좋을는지 모르겠다. 혹시라도 초등학생에게 자동차 조립을 맡긴 것은 아닌가 싶은 염려도 되는 상황인데, 더더구나 내년에 발사될 천리안위성 2호 관측자료 활용기술 개발계획도 아직 세우지 못한 상태라는 데에서는 할 말을 잃게 한다. 기상청은 천리안 발사비용은 둘째 치고, 최근 5년간 슈퍼컴퓨터 도입(569억 원)과 수치예보모델개선에 투입된 예산만 모두 1,192억 원이나 되었다.

-계간 공무원문학 2017. 겨울호(제41집)-

※ 2018년 8월 22일 19호 태풍 솔릭이 북상할 때에는 초속 63미터의 초대형 태풍이라며 시시각각으로 태풍의 진로와 함께 전국적으로 태풍 피해를 예보하고, 심지어 각 급 학교에 휴교령까지 발령하기도 했지만, 싱겁게 지나간 뒤 8월 28일 소나기 정도로 예보했던 비가 경기도 고양시에 29일 오전까지 무려 300mm가 넘는 퍼붓고, 서울에도 지역에 따라 시간당 최대 70mm 이상의 폭우가 쏟아지는 '물 폭탄'으로 사망자까지 발생하면서 기상청의 예보능력과 '지각 경보'가 또다시 논란되고 있다. 대전에도 8월 28일 140밀리의 집중호우로 대전천, 유등천, 갑천이 합류하는 회덕 부근이 범람하여 엑스포아파트 일대와 도로가 침수되어 큰 피해를 주었다.

8. 달 달 무슨 달

인간이 달 정복에 나선 것은 1959년 소련의 무인 우주선 '루나 2호'였다. 그러나 그것은 달 탐사의 시작이었고, 인간이 처음 달을 밟은 것은 1969년 미국의 우주선 '아폴로 11호'를 타고 간 우주비행사 닐 암스트롱, 마이클 콜린스, 버즈 올드린 등이었다. 미국의 달 탐사계획인 아폴로 프로젝트(Apollo Project)는 고대 그리스 신화에서 나오는 태양신 아폴론(Apollon)의 이름을 빌린 것으로서 이후 미국은 1972년까지 12명의 우주비행사를 달에 보냈다.

그런데, 냉전시대에는 G2 미 · 소에 뒤졌던 중국이 소련을 대신하여 새로운 G2로 대두하면서 달 탐사에 나섰다. 중국은 2025년까지 인간을 달에 보내겠다는 계획 아래 2007년 10월 24일 첫 달 탐사선 창어(Chang'e) 1호 발사에 성공했다. 이로서 중국은 미국. 러시아. 일본에 이어 세계에서 4번째로 달 탐사선을 발사한 '우주강국' 이 되었는데, 탐사선 '창어'란 본래 하늘나라의 여신이었다가 남편인 예(羿)를 따라 인간세계로 내려왔다가 불사약을 먹고 신선이 되어서 달나라로 올라간 여신 항아(嫦娥)의 중국식 발음이다.

중국이 달 탐사선의 이름을 중국의 전설인 달의 여신 '항아'라고 한 것은 매우 해학적이다. 태양 10개가 비치면서 산천초목을 말라죽게 하자 활의 명수 후예가 땅에 내려와서 태양신의 아들 9명이나 죽인 죄로 하늘나라로 돌아갈 수 없게 되자, 후예와 아내 항아는 매일 부부싸움이 끊이지 않았다. 후예는 천신만고 끝에 서모신을 찾아가 하늘로 올라갈 수 있는 불사약을 얻어왔으나, 항아는 그 약을 남편 몰래 혼자 먹고 하늘나라로 갔지만 들어가는 것이 허락되지 않자 어쩔 수 없이 월궁(月宮)으로 들어갔다. 항아가 월궁에 도착하자마자 몸은 점점 짧게 줄어들고 배와 허리가 옆으로 퍼지며 입이 갈라지고 눈이 튀어나온 흉측한 두꺼비로 변해 버렸는데, 그것은 남편 후예를 버리고 혼자서 하늘나라로 가버린 항아에 대한 업보였다. 후세 사람들은 '항아가 달로 도망쳤다'는 뜻을 가진 '항아분월(嫦娥奔月)'이라는 신화를 만들었다.

냉전시대에 미 · 소는 국력 과시로 경쟁적인 달 탐사를 벌이다가 위험성과 천문학적인 개발비용 때문에 1976년 소련이 무인 달 탐사선을 끝으로 한동안 뜸했는데, 2007년 9월 일본이 달 궤도를 도는 탐사위성 '가구야(カグヤ) 1호'를 발사하면서 다시 불붙기 시작했다. 일본은 지구상에는 거의 존재하지 않거나 희귀한 희토류, 티타늄, 헬륨 3 등 광물자원을 얻는 것이 주목적이라고 한다.

한편, 2007년 중국도 '창어 1호' 발사 성공에 이어 2013년 무인 달 탐사위성 '창어 3호'를 성공적으로 달에 착륙시켰다. 지난해 9월 실험용 우주정거장 '톈궁(天宮) 2호'를 성공적으로 발사하고, 금년 11월에는 달의 토양을 채취하기 위하여 '창어(嫦娥) 5호'를 발사할 예정이라고 한다. 내년에는 인류 최초로 달의 뒷면 표면에 착륙할 '창어 4호'를 발사한다는 목표 아래 '창어 4호'에 실어

달에 보낼 생명체와 식물의 리스트까지 공개했다. 관영 신화통신에 의하면 중국 우주연구센터가 진행하는 '달 표면 미니 생태계' 프로젝트는 달에 감자와 애벌레, 채소 씨앗 등을 보내서 이것을 키우는 과정을 생중계한다고 하는데, 연구진은 "누에가 부화하면서 식물에 필요한 이산화탄소와 거름이 발생되고, 감자 씨는 광합성을 통해 누에에 필요한 산소를 내뿜는 과정을 통해서 단순한 형태이긴 하지만, 달에서 생태계가 탄생될 수 있을 것이다"고 하면서 길이 18㎝, 직경 16㎝, 용적 0.8 l , 무게 3㎏의 특수 용기를 개발했다고 발표했다. 이것은 2015년 개봉된 우주과학영화 '마션(The Martian)'에서 주인공 마크 와트너가 화성에 낙오되어 감자를 키우며 식량을 자급자족하는 것과 비슷하다.

한편, 인도도 2004년부터 본격적인 달 탐사계획에 나서서 2008년 찬드라얀(Chandrayaan) 1호를 발사하여 달에 로봇을 착륙시키고, 극지(poles)와 분화구(craters)에 대한 지도 작성을 통해서 광물질과 화학물질을 조사하고 있다. 나아가 태양계의 다른 행성으로 우주선을 보내는 웅대한 우주 탐사계획을 세우고, 이를 위해서 인도 항공우주연구소(ISRO)와 유럽항공우주국(ESA)은 이미 2005년 6월 인도의 첫 번째 달 탐사선 찬드라얀 1호에 유럽의 실험 장비를 탑재하도록 하는 협정문에 서명했다.

이처럼 냉전체제에서 국력경쟁으로 시작했던 달 탐사 계획은 자원개발문제로 변하더니, 최근에는 상업적 측면에서 달 탐사에 나서기까지 했다. 하나는 인간이 달에는 착륙하지 않고 지구 공간에서 머물면서 지구를 관광하거나 달 주변을 비행하면서 달을 구경하려는 프로젝트이고, 또 다른 하나는 직접 달 탐사를 목적으로 하는 것이다. 금년 초 미국의 실리콘 밸리를 기반으로 하여 전기차 및 리튬이온배터리 등을 제작하는 최첨단회사인 테슬라(Tesla)가 2018년 민간 우주선 개발업체 '스페이스 엑스(X)'에 민간인 2명을 달 왕복 여행을 보내겠다고 발표했다.

스페이스 X는 설립한지 6년만인 2008년 민간기업 최초로 액체연료 로켓 팰컨 1(Falcon 1)을 지구궤도로 쏘아 올려서 NASA와 우주화물 운송계약을 체결하기도 했는데, 민간인을 태운 우주선은 일주일가량 달 표면 48~64㎞까지 근접하여 돌아보고 귀환할 예정이라고 한다.

지금까지 우주인이 아닌 민간인으로서 우주여행을 경험한 사람은 2001년 미국의 사업가 데니스 티토 이후 2009년 '태양의 서커스'의 창단자인 캐나다 출신의 기 랄리베르테(Guy Laliberte) 등 7명이다. 또, 영국의 리처드 브랜슨 버진그룹의 '버진 갤럭틱(Vigin Gaactic)', 아마존의 CEO인 제프 베조스의 '블루 오리진(Bule Origin)' 등 민간 기업들이 우주관광사업에 나섰는데, 특히 버진 갤럭틱은 25만 달러(약 2억7,000만원)로 지구 상공 약100㎞ 고도에서 무중력을 경험하고 2시간 후에 돌아오는 지구 준궤도 여행을 상품으로 내세웠다. 여기에는 미래학자로 유명한 스티븐 호킹 박사, 팝스타 레이디 가가, 영화배우 브레드 핏 등 유명 인사를 포함한 700명가량이 예약한 것으로 알려졌다.

후자의 대표는 2007년에 상금 3,000만 달러(한화 약339억원)를 내걸고 무인 우주선 달 착륙 경진대회를 발표한 구글(Google)이다. 구글은 2017년 안에 무인 우주선을 발사해야 하고, 탐사로봇으로 달 표면 500m 이상을 이동해야 하며, 그 성과를 지구에 고해상도 사진과 영상을 전송할 것을 조건으로 내걸었다. 여기에는 이스라엘의 스페이스일(SpaceIL), 미국 문 익스프레스(Moon Express), 인도 팀 인더스(Team Indus), 일본 하쿠토(Hakuto) 등이 최종 후보로 올랐다.

트럼프 행정부도 달 탐사 프로젝트를 접었다가 약50년 만에 2020년까지 유인 달 탐사를 실현하겠다는 계획을 발표했는데, 이것은 개발 중인 우주선 '오리온'에 사람을 태워서 달 궤도로 보냈다가 귀환시키는 것이 목표이고, 그 이후에는 지구 궤도에 있는 국제우주정거장(ISS) 대신, 달 궤도에 유인 우주정거장 '딥 스페이스 게이트웨이'를 건설하여 중장기적으로 달을 화성 탐사 프로젝트의 전진기지로 삼겠다는 계획이다.

중국도 비록 달 탐사에서는 미・소에 뒤졌지만, 화성 탐사에서는 미국에 앞서는 우주강국 건설이라는 중화사상을 표출했다. 우리나라도 2020년 달 탐사 궤도 위성을, 2025년에는 독자 기술로 달착륙선을 발사하겠다는 계획을 발표한 상태이지만, 지금까지 비선실세에 의한 국정농단이니 적폐청산이니 하며 과거회귀적인 행태만 보여주는 등 서로 멱살잡이를 하고 있어서 그 진행과정이 궁금하다. 우리가 북핵위기에 몰려 이성이 마비된 동안 우리가 얕보던 중국과 인도는 성큼성큼 우리의 앞을 달리고 있다.

9. 평창 동계올림픽

2018년 2월 9일부터 2월 25일까지 열엿새 동안 강원도 평창에서 23회 동계 올림픽이 열린다. 물론 규모나 관심 면에서 하계 올림픽과는 비교할 수 없지만, 1988년 서울 올림픽 이후 한국에서 치러지는 두 번째 올림픽이자 처음 열리는 동계 올림픽이다. 평창 올림픽에서는 설상(雪上) 7개 종목(알파인 스키, 바이애슬론, 크로스컨트리 스키, 프리스타일 스키, 노르딕 복합, 스키점프, 스노보드), 빙상(氷上) 5개 종목(쇼트트랙스피드스케이팅, 스피드스케이팅, 피겨 스케이팅, 컬링, 아이스하키), 슬라이딩 3개 종목(봅슬레이, 루지, 스켈레톤) 등 15개 종목에 세계 95개국에서 약 5만여 명의 선수가 참가하여 실력을 겨룰 것으로 예상하고 있다.

이미 그리스 아테네에서 채화된 성화가 국내에 봉송되어 전국을 일주하고 있는 상황에서 불참 내지 유보의사를 밝힌 국가가 점점 늘어나 주최국인 우리를 당혹시키기고 있다. 올림픽은 '참가하는데 의의가 있다'며 순수한 스포츠정신을 강조하지만, 1.2차 세계대전 기간 중에 경기가 열리지 못한 것은 물론 팔레스타인 게릴라들이 이스라엘 선수단을 살해한 뮌헨 올림픽(1972)을 비롯하여 소련의 아프간 침공에 항의하여 미국 등 서구가 불참하여 반쪽 올림픽이 된 모스크바 올림픽(1980) 등 얼룩진 상처가 허다하다. 그 뿐만 아니라 서울올림픽조차 한 · 일 공동개최라는 전대미문의 경기를 여는 등 정치 · 상혼 그리고 종교의 나쁜 물이 깊숙하게 스며들어있다.

평창 올림픽을 앞두고 여러 국가가 불참을 거론하고 있는 가장 큰 이유는 수년 동안 계속된 북핵위기로 자국 선수들의 안전문제 때문이지만, 한국과의 미묘한 관계를 놓고 으름장을 놓는 국가도 있어서 평창 올림픽을 남북대화의 가늠자로 삼으려고 하는 우리 정부를 더욱 초조하게 하고 있다.

지난해 9월 프랑스가 북핵위기를 이유로 불참을 처음 시사한 이후 11월 29일 북한의 미 대륙을 공격할 수 있는 화성-15형 발사실험 후 미국에서도 같은 반응이 나왔다. 화성-15형 미사일실험 후인 지난 12월 6일 니키 헤일리 유엔주재 미국대사는 폭스뉴스(Fox News)와의 인터뷰에서 “북한의 위협으로 미국 선수단의 평창 동계올림픽 참가 여부가 여전히 의문(open question)”이라면서 미국의 대회 참가 여부는 대회 개최 시점의 한국 상황에 달려 있다고 본다”고 하여 논란이 시작되었는데, 다음 날인 7일 샌더스 백악관대변인도 정례 브리핑에서 전날 헤일리 대사의 발언과 관련한 질문을 받자 “헤일리 대사의 말은 정확하다. 평창 동계올림픽 참가를 아직 결정하지 않았다”고 공식 발표했다.

또, 8일 헤더 나워트 국무부 대변인도 정례 브리핑에서 “우리는 평창 올림픽에 참가하기를 기대하지만, 미 국민의 안전이 최우선이며, 어느 지역에서, 무슨 이유에서건 미 국민이 심각한 위험에 처해있다면 그에 따른 적절한 조치를 할 것”이라고 말했다. 그는 “문 대통령이 미국의 선제타격을 용납하지 않을 것이라 했는데, 그에 대한 미국의 입장은 뭐냐?"는 질문에 "그런 발언을 했는지 알지 못한다."고 짧게 대답했다. 12월 9일 블랙먼 미국올림픽위원회(USOC) 위원장이 "물리적으로 또는 법적으로 불가능한 상황이 아니라면 평창 동계올림픽에 선수단을 보내겠다"고 밝혔지만, 우리의 가까운 우방 미국조차 보여준 올림픽 참가 여부에 대한 설왕설래 하고 있는데, 워싱턴 외교가에서는 "미국이 자국민의 안전 문제를 이유로 대북 군사옵션 검토와 첨단전략자산의 한반도 주변 배치를 정당화하려는 대북압박의 신호"라 분석하기도 하고, 또 미국이 중국의 협조 능력에 불신하고 올림픽 기간 중 북한의 만행을 염려한 발언이라는 분석도 있다. 한편, 의회 일각에서 주한미군가족 철수 요구까지 나오는 상황에서 지난 6월 북한에 억류됐다 풀려난 오토 웜비어 사망 이후 북한여행 금지조치도 참가 결정에 영향을 미치고 있다는 분석도 있다.

한편, 일본은 11월 29일 문 대통령이 일본 아베 총리와 북한 대륙 간 장거리 미사일 발사 문제로 통화를 하던 중 평창 올림픽 참석 요청에 올림픽기간 중 국회 예산위원회가 열릴 예정이지만 참석을 검토하겠다고 했지만, 한국의 위안부문제 TF가 합의 2주년이 되는 이달 28일 이전에 조사결과를 내놓기로 한 우리정부의 결론을 보고 참석 여부를 결정하겠다며 입장을 선회했다.

우리정부는 "일본이 위안부 합의와 평창올림픽을 연계하여 문제를 제기한 적은 없다"면서도 한 · 일관계의 민감성을 고려해 볼 때 전례가 없는 재협상이나 합의파기로 결정될 경우에 그 파장은 걷잡기 어려울 것이다. 반면에 위안부합의에 별다른 문제점이 없다고 할 경우에도 국내 반발을 무시할 수 없다. 또, 12월

6일 IOC는 국가 차원의 금지약물 복용으로 파문을 일으킨 러시아 선수단의 평창올림픽 출전을 금지하고, 도핑 검사를 통과한 선수들에 한해서 개인자격 출전만 허용한다고 발표했다. 러시아에서는 올림픽 '보이콧' 찬반 여론이 뜨겁게 달아올랐으나, 푸틴 러시아 대통령은 IOC 결정이 나온 지 하루 만에 러시아 선수들의 평창올림픽 개별 참가를 허용하겠다고 밝혔다. 이것은 올림픽 보이콧까지 시사하던 푸틴 대통령이 IOC와 관계개선을 위하여 입장을 선회한 것으로 보이지만, 개인 자격 참가여부는 12일 러시아올림픽 위원회의에서 최종 결정된다.

그런데, 9일 평창 동계 올림픽조직위원회는 IOC가 대회 주요 인사와 고객들을 위하여 경기장에서 1시간 거리 안의 3~5성급 호텔, 콘도, 리조트 객실 21,200실 중 5,000여 객실을 취소하여 15,700실만 사용하기로 했다고 밝혔다. 그 원인은 최근 모텔급 여관의 하룻밤 숙박료가 100만원을 넘으며 그나마도 경기기간 동안 장기투숙이 아닌 하룻밤 정도는 예약을 받지 않는다는 바가지 상혼이 비난받고 있는 상황에서 다행히도(?) 북한도발로 한반도 정세가 불안정하다며 참석할 주요고객이 크게 줄어들었기 때문이라고 한다. 상황이 이렇게 악화되자 토마스 바흐 IOC 위원장은 모든 분쟁의 발단이 되고 있는 북한의 평창올림픽 참가를 권유하기 위하여 평양을 방문할 것이라고 한다. 이래저래 평창 동계올림픽은 빛바랜 잔치가 될 것이라는 걱정이 나오고 있다.

-2017.12. 14. 고시 위크 칼럼-

10. 동남아를 주목하라

6월 12일 역사상 최초로 북미정상회담이 싱가포르에서 열린다. 그동안 정상국가도 아닌 불량국가(Rogue State)로 낙인찍힌 북한의 로켓보이(Rocket Boy)가 세계 초강대국인 미국 대통령과 대등한 지위에서 회담하는 국가지도자로서 국제무대에 하려하게 데뷔하는 것이다. 이러한 역사적 북미회담이 미국 등 UN의 강력한 대북제제에 굴복해서 백기를 들고 나온 것이라면 몇 백번 좋은 일이지만, 상황은 그렇지 않은 것 같다.

1950~60년대에도 보리 베고 모내기하기 전인 이맘때면 사월 초팔일 혹은 단오를 맞아 꽃구경을 나서곤 했다. 지난 달 30일 국내 M여행사가 3~5월 전년 동기간 여행객과 비교분석한 자료를 보면, 지난해 해외여행객의 3명중 1명(32.6%)이 중국여행을 다녀왔지만 올해는 15.1%로 급감하고, 일본과 동남아가 72%, 66%씩 증가했다고 한다. 동남아 국가 대부분이 전년대비 50% 이상 고성장 했지만, 특히 베트남과 말레이시아는 두 배 넘게 성장했다고 한다. 물론, 이것은 비교적 올 연휴가 짧아서 여행지를 가까운 동남아로 정하고, 또 중국의 사드 보복으로 여행지를 바꾼 측면도 있지만, 동남아국가들에 대한 여행수요가 늘어난 측면이 더 강하다고 분석했다.

한편, 2018년 2월 말 현재 기준 국내거주 외국인은 213만2,211명이 넘었다. 5천만 국민의 5%에 해당하는 외국인이 국내에서 살고 있는데, 베트남 · 태국 · 필리핀 등 동남아권 외국인이 53만8,729명으로 전체 외국인의 25.3%이다. 여기에 한국인과 결혼하여 살게 된 결혼 이민자가 15만6249명이라고 한다. 외국인의 격증은 1980년대 섬유와 신발, 건설, 탄광 등 이른바 3D업종(dirty, difficult, dangerous) 기피현상으로 동남아 등 제3국에서 수입된 근로자들이 크게 늘어난 때문이다. 또, 결혼이민자 격증현상은 1960년대에 먹고살 것이 부족하자 정부가 가족계획이란 이름아래 강제적인 인공중절정책을 펴자, 남아 선호사상으로 성비가 불균형이 되어 그 시대에 태어난 남성들이 결혼적령기에도 배우자를 구하지 못한 정부의 정책 실패가 원인이다. 결혼이민자 중 동남아 출신이 6만2,373명(39.9%)에 이르고, 다문화가정이 크게 늘어 농촌에서는 초등학교 학생의 3분지 1이 다문화가정의 자녀라는 통계도 있다.

그러나 다문화 시대를 맞은 정부의 정책은 매우 빈약하다. 우리는 중학생이 되면 제일 외국어로 영어를, 고등학생이 되면 독일어, 프랑스어, 일본어 등 강대국가의 언어를 제2외국어로 배우지만, 모두가 백화점식으로 맛만 보고 넘어가는 외국어 정책을 반세기 이상 계속하고 있다. 그러나 오늘날 지구촌 시대에 길거리에서 숱하게 부딪히는 외국인을 만나 짧은 인사나 거리 안내조차 할 수 없는 벙어리 외국어 정책, 그리고 산업현장에서 직접 실용화될 수 없는 실업교육은 크게 반성해야 한다. 무엇보다도 우리의 국제적인 지위 상승으로 국제사회에 참여할 기회가 늘어나고, 동남아 국가에서도 한류열풍으로 우리가 진출할 기회가 점점 넓어지고 있고, 특히 동남아 출신 여성들과 맺어진 다문화가정이 크게 늘어나고 있음에도 인도네시아, 베트남 등 동남아국가의 언어를 적극적으로 가르치는 노력은 거의 보이지 않고 있다.

농촌에서 사람의 손으로 모내기를 하고 수확하다가 이앙기, 콤바인 · 트랙터 등 기계화 보급되어 농촌 일손이 자연히 도시로 빠져나갔듯이 산업화가 되자, 노동시장에서는 3D업종이라는 공동화 현상에 동남아 등 제3국 근로자들이 공백을 메우고 있다. 또, IoT(internet of things)로 대변되는 4차혁명을 맞아 사람이 해야 할 영역은 점점 줄어들어서 앞으로도 청년 실업문제는 좀체 해결될 것 같지 않다. 따라서 IMF이후 좀체 살아나지 못하고 있는 국내에서의 취업보다 미국 · 유럽은 물론 동남아로 시야를 넓혀서 정부가 해외공관과 KOTRA 등 관련 기구를 통하여 체계적이고 지속적인 해외취업 정보를 제공하고, 또 해외취업자들에게 초기 생활안정과 정착을 지원하는 체계를 갖추어야 할 필요성이 있다. 물이 위에서 아래로 흐르듯 사람의 국제적 이동을 막을 수 없으며, 그에 따른 국제결혼도 더 늘어나고, 학문적 · 기술적 능력에 따라 해외로 나가고 또, 국내로의 자연스런 유입을 막을 수 없는 시대에 우리의 청년실업 대책도 크게 바뀌어야 한다. 동남아를 주목해야 한다.

-2018.05.17. 고시 위크 칼럼-

11. 대통령의 참모들

현대국가의 권력구조는 크게 내각책임제와 대통령중심제로 나누지만, 두 제도는 절대불변의 원칙이나 원리에 의한 것이 아니어서 각국의 현실에는 큰 차이가 있다. 우선, 내각책임제도 실질적인 운영 방식에 따라 의원내각제 혹은 내각중심제 등에 따라서 차이가 있으나, 대체로 국민의 대표로 구성된 국회에서 행정까지 책임을 진다는 의미에서 행정수반을 선출하여 통치하여 이 점에서는 삼권분립이 아닌 이권분립이라는 말도 있다.

한편, 대통령제도 실제적인 운영 형태가 매우 다양하지만, 기본 골격은 삼권분립을 전제로 서로 견제와 균형을 위하여 국민으로부터 직접선거에 의한 대통령이 행정을 수행하며 국민에 대하여 직접 책임을 진다는 것이다. 다만, 대통령제를 처음 창안한 미국의 헌법기초자들은 영국처럼 입헌국군주국에서 나라의 상징인 (여)왕이 없는 점을 우려하여 행정수반이 국가원수의 지위를 겸하는 것으로 정부형태를 설계했다.

우리나라는 건국 후 70여년이 지나는 동안 자유당의 부정선거로 1공화국이 무너진 뒤 그 반작용으로 2공화국은 내각책임제를 채택했지만, 그 제도의 실효성을 체험하기도 전에 군부독재에 의해서 무너진 이후 지금까지 대통령책임제를 유지하고 있다.

그런데, 대통령제의 발상지 미국은 각 부처 장관이 대통령을 보조하는 비서(Secretary)인 것과 달리 우리의 각 부처 장관은 헌법상 국무총리의 제청으로 대통령이 임명하며, 그 설치 · 조직과 직무범위를 법률로 정한 범위에서 수행하는 국가기관이라는 점에서 큰 차이가 있다.

물론, 대통령은 국무총리나 행정각부 장관 이외에 국정을 수행하는데 필요한 비서진을 둘 수 있다. 가령, 조선시대의 의정부가 지금의 행정 각 부처라고 한다면, 궁내부는 지금의 청와대비서실로 간주해도 무방할 것이다. 다만, 헌법상 직접 전면에서 국가정책을 펼치는 각부 장관의 직무와 권한이 규정되어있으므로 대통령을 뒤에서 보조하는 청와대비서실은 작을수록 좋고, 또 각 부처 장관과의 마찰도 피할 수 있지만 우리의 현실은 정반대로 운영되고 있는 것 같다.

바른미래당 김동철 의원은 "금년 1월 기준 청와대 참모진 인원이 486명으로 500명에 육박하는데, 대통령은 헌법상 기구인 총리와 내각을 배제하고 청와대비서진으로 국정을 운영하겠다는 것이냐?"며 비판했다. 김 의원은 "청와대는 박정희 · 전두환 · 노태우 정부 시절 200~300명대를 유지하던 비서진이 DJ정부 때 400명을 넘더니, 노무현 정부 때 531명(3실장 8수석 2보좌관 53비서관)으로 크게 늘렸다가 이명박 정부 때 456명으로 줄였다고 했다. 물론 시대가 변하면 업무량도 늘고 복잡다기한 변수도 생기기 마련이지만, 헌법상 정책을 펼치는 각 부처의 장관이 있는데도 청와대비서진의 확대는 결코 바람직하지 못한 현상이다. 더구나 세계 황제라고 하는 미국 백악관비서진보다 무려 100명이나 많다는 것은 업무처리 인력이라기보다 혹시 대통령의 보은 인사가 아니냐는 비아냥거림도 있다. 머리는 빌릴 수 있어도 건강은 빌릴 수 없다며 청와대로 초대한 손님들에게 칼국수를 대접하며 조깅만 하던 YS도 이렇게 많은 '머리'를 빌리지는 않았는데, 비서실 대폭 확대는 혹시라도 이들로부터 '빌릴 머리'가 많이 부족하다는 반증은 아닐까 싶기도 하다.

하지만, 보다 중요한 것은 청와대 권력의 비대화이다. 대통령이 각 부처 장관보다 측근인 비서실에 더 많이 의존하게 되면서 필연적으로 비서실이 '대통령 비서'의 업무를 넘어서 내각 위에 '군림'하는 현상이 벌어질 위험성을 내포하는데, 이미 세간에는 외교 · 안보의 경우 청와대 국가안보실이, 경제에서는 정책실이 중요 현안을 틀어쥐고 담당 부처를 소외시키고 있다는 비판이 많다. 또, 그 비서실의 진용 대부분이 운동권 출신이라는 데서 대통령을 보좌하면서 사시적(斜視的)인 정책을 제시할 것이라며 우려하는 시선도 많다. 특히 집권 2년 차를 맞아 최근 새로 충원된 비서진의 면면은 1기 때보다 운동권 · 시민단체 색채가 더 짙어서 1급 이상 비서관 64자리 중 23명(36%)이 운동권 · 시민단체 출신이라고 한다. 비서실소속 비서관 31명으로 좁혀 보면 전대협 등 운동권 · 시민단체 출신이 2017년 말 17명에서 19명(61%)으로 늘었다.

물론 암울했던 군부 · 신군부 독재시대에 대학생들의 민주화운동권이나 친북용공을 주장하는 학생들의 순수성을 의심하지 않고 또, 시대가 바뀌었으니 이를 용납하지 못할 것도 없지만 만일 대북관계에 있어서 그들의 당시 확고한 이념이 불변한 상태라고 한다면 문제는 달라진다. 1989년 소위 13차 세계청소년학생축전에 임수경을 평양으로 밀입국 시킨 혐의로 실형을 받았던 전대협 의장 출신의 대통령비서실장은 이후 자신의 신념에 대한 진솔한 사과나 해명이 있었는지 의문이고, 또 시민사회비서관은 이적 단체 가입 등 두 차례 국가보안법위반 혐의로 실형을 받았으며 북한의 천안함 폭침에 의혹을 제기하는 책을 공동집필한 사람이다. 또, 양심수 석방추진위원회에서 활동하며 이석기 전 통합진보당 의원과 한상균 전 민노총위원장의 석방을 주장했던 사람이 사회조정비서관에 임명되는 등 청와대 비서진에서 국가 정책을 창출하는 활동이 결국 극히 편향된 정책으로 표출될 염려가 많다.

문득 몇 년 전 미국 NBC-TV에서 백악관에서 대통령의 참모들이 정책결정과정에서 보여주는 대립과 갈등과정을 보여준 드라마 웨스트 윙(the West Wing)이 생각나는 것은 웬일인지 모르겠다. 대통령이 집무하는 오벌 오피스(Oval Office)에 대응하여 참모들이 근무하는 서쪽별관을 상징하는 웨스트 윙은 1999년 9월부터 2006년 5월까지 7년 동안 방영되면서 출연진의 열연도 열연이지만, 리얼한 모습에 미 국민은 물론 한국에도 많은 팬을 가졌었다. 한편, 대통령은 대선 때 청와대를 버리고 광화문에 있는 정부 제1청사에서 집무를 할 것이라고 약속했지만 지금까지 광화문으로 이전할 어떤 움직임은 보이지 않고 있다. 오히려 비대해진 청와대비서실에 반비례하여 역할이 축소된 정부각료를 축소하거나 정부청사를 매각하고, 청와대비서실을 더욱 확대하는 궁중정치를 펴는 것은 어떨지 모르겠다.

-2018.09.13. 고시 위크 칼럼-

12. 신 가족계획정책

통계청은 2016년 출생률은 2015년보다 37,200명(22.9%)이 감소한 125,300명으로서 1970년 통계 작성 이래 최저치를 기록했다고 한다. 또, 인구 1,000명당 출생아 수인 조출생률은 7.9명으로 전년보다 8.1% 감소했고, 일생 동안 낳을 것으로 기대되는 평균출생아 수인 합계출산율은 1.17명으로 전년(1.24명)보다 0.07명(5.6%) 감소했으며, 출생아는 2012년 484,600명에서 2013년 436,500명으로 줄어든 후, 2014년(435,400명), 2015년(438,400명)까지 3년간 비슷한 수준을 보이다가 지난해는 인구통계를 시작한 40년 만에 처음으로 신생아 출생이 40만 명 이하로 떨어지고 노령인구는 14%를 넘어서 고령화 사회로 진입했다고 한다.

이것은 기본적으로 출생률이 가장 활발해야 할 신혼부부 등 20~30대 젊은이들이 대학을 졸업하고도 취업하지 못하는 백수가 15%이상 되어서 결혼연령이 점점 늦어지는데다가 설령 결혼을 한다 해도 맞벌이를 해야 하는 상황에서 출산과 육아가 절실한 문제가 되지 않는 현실이 가장 큰 이유가 되고 있다. 인구고령화 현상은 신생아출산율이 크게 감소함으로서 사회구성원이 정체되어 생산과 소비가 줄어드는 반면에 정부지출이 늘어나는 원인이 된다.

돌아보면 반세기 전인 1960년대까지는 다남다녀를 오복 중의 하나로 여겨서 먹고 살 것이 부족해도 많은 자녀를 낳았다. 당시 농가는 대부분 1년 2모작을 했는데도 곡식이 절대적으로 부족해서 햇곡식이 나오기 전인 춘삼월부터 끼니를 굶는 사람들이 허다했다. 이렇게 빈곤의 악순환이 반복되자 정부는 쌀의 수확량을 증가시키기 위해서 우리나라 볍씨와 필리핀의 볍씨를 교배한 다수확 품종인 통일벼 생산에 성공함으로서 식량자급자곡을 이루는 한편, 1964년부터 가족계획 정책을 적극 추진하여 인구증가 억제를 시도했다.

초기에는 한 가정에 두 자녀만 갖기를 권하더니 나중에는 아들딸 구별 말고 한 자녀만 갖도록 하며 부부의 침실까지 간섭하기 시작했다. 급기야 가족계획이란 이름아래 공공연한 살인행위와 다를 바 없는 셀 수 없는 인공유산을 자행하는 한편 원천적으로 임신이 불가능하도록 여성들에게는 난관절제수술을, 남성들에겐 길거리나 예비군훈련장에서 정관절제수술을 자행했다.

그 결과 1970년대는 당시 국내 제3위의 대도시 대구의 인구 72만 명만큼의 신생아가 출생하여 출생률 2.88%이상을 유지하더니, 이제는 아예 한 자녀조차 갖지 않으려고 하는 경향이 만연하여 출산율도 예전의 절반에도 미치지 못하는 1.18%에 이르러 사회가 정체되고 생산성에 둔화되자 인구정책이 방향을 전환하기에 이른 것이다.

통계청은 출생아 감소의 가장 큰 원인으로 30대 초의 젊은이들이 부족하기 때문이라고 진단했지만, 이것은 정부가 산아제한을 무리하게 추진하던 베이비붐 에코세대(1979~1982년생)의 결과이어서 한마디로 정부의 잘못된 정책 때문이다.

한 세대 전 한 가정 한 자녀만을 추진하자 전통적인 남아선호 사상으로 아들이 아니면 인공유산을 시킴으로서 결국 이들이 적령기가 되었을 때, 배우자가 될 여성 부족현상을 처음에는 조선족에서 신부를 찾다가 점점 동남아 등 국가로 확대되는 한편 국내에서는 초혼남과 재혼녀, 연상녀와의 결혼이 보편화 되는 원인을 제공했다.

지난해 평균 출산연령은 32.4세로서 35세 이상 고령 산모 출산율도 26.3%를 차지하는 것으로 집계됐다. 그러나 신생아 출산율이 떨어져 고령화 사회로 진입하는데도 정부의 출산장려책은 탁상공론이다.

도대체 한 자녀를 낳으면 150만원을 지불하고, 두 자녀를 낳으면 250만원을 보조금으로 지불한다고 해서 어느 누가 출산을 결정할 것인지 의문이다. 인구는 소비의 주체이자 생산의 주체인데도 1960년대 이후 정부는 소비의 주체로만 파악했다가 2000년대 들어서야 뒤늦게 생산의 주체로 파악하여 인구증가를 추진하고 있으나, 먼저 인구가 늘어 날 수 있는 사회풍토를 만들어야 한다.

인구증가론자들은 인구는 국력이어서 인구의 증가는 국력이 증대되어 내수 충격에 유연해지므로 최소 1억은 넘어야 한다고까지 말하는 반면에, 인구 감소를 주장하는 측에서는 좁은 땅에 5,000만 명도 많고, 2,500만 명 정도가 적당하다고도 한다.

하지만, 인구증가를 추진하면서도 세계경제력 10위의 한국이 1955년 전쟁고아들을 해외입양하기 시작한 이후 60년이 지나는 동안 이제는 전쟁고아가 아닌 미혼모와 기아로 버려지는 16만 명의 고아수출로 지난해 우리나라는 중국, 에티오피아, 우크라이나, 우간다 등과 함께 '고아수출국 베스트 5국가' 중 4위를 한 현실은 어떻게 설명할 수 있을까?

-2017.03.23. 고시 위크 칼럼-

13. 러다이트 운동

2016년 청년실업은 40만 명이 넘어 청년실업율도 역대 최고치인 9.8%라고 했다. 또다시 졸업시즌을 맞고 있지만, 몇 년째 계속된 경기침체로 기업은 신입사원 모집을 줄이거나 아예 하지 않은 채 지내오다가 올해는 탄핵정국과 맞물려 채용계획조차 세우지 못한 기업이 더 늘어났다. 이런 상황에서 대학을 나서는 젊은이들은 장밋빛 미래가 아니라 청년실업 신세를 넘어 대학 때 받은 학자금 대출을 갚지 못해서 신용불량자로 전락하고 있는 숫자가 놀랍기만 하다. 오죽하면 자조하듯 헬조선이니, N포 세대, 흙수저라는 신조어까지 유행하고 있을까?

이렇게 미래를 위한 생존이 아니라 학자금이라는 과거의 빚 청산을 위해서 아르바이트라도 찾아 길거리로 나서는 젊은이들에게 국민을 보호하고 지켜주어야 할 정부는 무엇을 하고 있는지 모르겠다.

돌아보면 5.16. 쿠데타로 정권을 잡은 3공화국 정부는 4차에 걸친 경제개발 5개년계획의 성공적인 추진을 하다가 1979년 이른바 10.26.사태로 대통령이 시해되면서 붕괴되었다. 또, 반세기 전인 당시의 건설과 토목사업은 지금과 같은 현대식 장비가 없어서 대부분 인력에 의한 공사였으나, MB정부가 무려 22조를 투입하여 단군 이래 최대의 토목사업을 벌였던 4대 강 정비사업에 일반 근로자들에게 분배된 소득은 거의 없고 대부분 중장비를 동원한 대기업의 수익으로 귀결되었다.

이처럼 매년 막대한 예산을 투자하고 있지만, 국민에게 고루 분배되지 않고 몇몇 대기업에 귀속되어 기업들은 수천억에서 수조원에 이르는 자기자본을 축적하고 있는 반면에 서민들은 1400조라는 천문학적 가계부채에 허덕이고 있는 현상을 정부는 직시해야 한다.

앞으로도 매년 인간의 창의적인 정신노동의 산물로 첨단기계의 발달은 인간의 육체에 의존하는 노동량은 줄어들고 또, 그 투자효과도 비교할 수 없지만 정부는 이윤추구가 목적인 사기업과 달리 국민에게 미치는 사회적 효율성(Social effectiveness)을 더 중시하여 인간의 노동력을 적절하게 투입하는 정책적 조치도 필요하다.

19세기 초 영국에서는 기계파괴운동 즉, 러다이트 운동(Luddite Movement)이 전개되었다. 러다이트 운동은 1770년대 2대의 방적기를 파괴한 것으로 알려진 '네드 러드(Ned Ludd)'에서 유래하지만, 사실 그가 실존인물인지 여부는 알 수 없다. 다만. 기계 파괴운동에 나섰던 노동자 즉 '러드들'은 그를 로빈 후드에 비유하는 등 영웅으로 여겼으며, 주로 밤에 가면을 쓰고 돌아다니면서 공장을 습격하고 불을 질렀다.

그들은 공장 경영주들과는 적대적 관계이었지만, 일반인들에게는 일체 폭력을 행사하지 않아서 평판이 좋았다. 그렇지만, 젱킨슨 내각은 러다이트 운동을 혹독하게 진압하였으며, 1813년 요크에서 열린 집단재판에서는 많은 근로자들을 교수형으로 처형하거나 유배 시켰다.

이것은 산업혁명 후 방적작업의 기계화로 대량생산이 가능해지자 일자리를 잃은 영국 공장근로자들이 임금은 계속 하락하는 반면에 물가는 계속 상승하여 빈곤과 굶주림에 시달렸으나, 영국 정부는 이런 실상을 파악하지 못한 채 기업주의 입장에서 1799년 노동조합의 결성과 단체교섭권을 금지하는 단결금지법(Combination Act)을 제정하는 등 거꾸로 가는 정책을 편 대표적인 사례이기도 하다.

우리는 국민소득이 2만 불을 넘어서던 1980년대 후반부터 이른바 3D업종에 취업하지 않고 소비향락산업이 크게 번창하여 외국 언론으로부터 '샴페인을 너무 일찍 터뜨렸다'는 비아냥을 받기 시작했다. 그때부터 산업연수생이라는 이름아래 동남아 등 제3국의 근로자가 수입되기 시작하여 이제 150만 명을 넘어섰지만, 이런 현상은 앞으로도 좀체 줄어들 가망성은 없다. 게다가 하루가 다르게 기술발전은 사람이 할 일을 기계가 처리하게 됨으로서 점점 일자리를 줄이고 있다. 지난해 이세돌 9단과의 세기적 바둑대결에서 진가가 드러난 AI로 대표되는 로봇이 점점 개발되고, 또 자동제어시스템에 의한 자동차의 도로주행 실험과 상업용 출하에서 알 수 있듯이 기업은 보다 저렴한 비용을 투자하여 보다 많은 수익을 창출하려고 하려고 노력하고 있다.

어쩌면, 기업으로서는 임금인상이나 환경개선을 요구하며 연례행사로 파업을 벌이는 근로자를 더 고용하기보다는 묵묵히 일하는 로봇과 인공지능으로 제품을 생산하는 것이 훨씬 효율적이라고 판단하게 될지도 모르지만, 약200년 정도의 시차를 두고 비슷한 현상이 반복되고 있어서 오늘날 '4차 산업혁명' 또는 '기술혁명' 현상에 적극적으로 대처하는 방법을 심도 있게 모색해야 해야 할 것이다.

정부는 19세기 영국의 러다이트 운동에 대하여 젱킨슨 내각이 현명한 대안을 마련하지 못한 채 혹독하게 진압하고 집단재판으로 교수형을 내리거나 유배시킨 어리석음은 되풀이하지 말아야 할 것이다. 사회 일각에서는 첨단 로봇을 사용하는 기업들에게 로봇 세를 부과하자는 의견이 제시되고 있기도 하지만, 그것이 국가 재정수입에는 일정수준 도움이 될는지 몰라도 근로자의 소득재분배와 직결된다는 보장은 없다.

-2017.11.15. 고시 위크 칼럼-

14. 행정수도와 탐관오리

공주는 백제 개로왕이 고구려 장수왕에게 죽임을 당하고 한성이 무너지자 그의 아들 문주가 즉위하면서 서울로 삼은 이래 성왕이 사비성 부여로 천도할 때까지 5왕 64년 동안 백제의 도읍지였을 뿐 아니라 조선시대 충청감영이 있던 충청도의 주요한 도시이다. 공주시 구도심의 중심지인 공주사대부고 앞에 중학동사무소가 있는데, 동사무소의 왼쪽 골목을 약 50미터쯤 들어가면 백제시대 왕성이던 웅진성의 대사찰인 대통사 당간지주가 있다. 그 바로 앞 널찍한 한옥 대문 앞에는 일제강점기 시대에 공주갑부 김갑순(金甲淳 : 1872~1960)의 집 터였음을 알리는 표지석이 세워져 있다. 물론, 그 집에는 김갑순의 후손이 아닌 다른 사람이 살고 있다.

김갑순은 일제강점기에 '충청도 제일의 땅 부자'였는데, 그는 일찍이 아버지를 여의고 장터에서 국밥장사를 하는 홀어머니와 함께 살았다. 제대로 글자도 익히지 못한 그는 20살이 넘도록 투전판이나 쫓아다니다가 우연하게 충청도감영에서 잔심부름을 하던 군노가 되었다.

어느 날 그가 포졸들을 따라 노름꾼을 잡으러 갔다가 아름다운 어느 처녀를 만난 것이 그의 운명을 바꾸는 계기가 되었다. 그는 도박을 하다가 감옥에 간힌 아버지를 면회 온 딸을 도와준 인연으로 의남매를 맺었는데, 김갑순은 그 처녀를 자기 여동생이라 하며 충청감사의 첩으로 중매했다. 감사의 처남이 된 김갑순은 총순(總巡)을 거쳐 마침내 군수자리까지 오르게 되었는데, 구한말의 관원 이력서에 의하면 그는 29살 되던 1900년 충북 관찰부 주사(판임관 8등)로 관직을 시작하여 이듬해 중추원 의관을 거쳐 그 해 11월에는 내장원 봉세관이 되는 등 승승장구하였다.

아무튼, 관리가 되면서부터 재산을 모으기 시작한 그는 1902년 부여(석성)군수를 시작으로 10년 동안 노성 · 임천 · 공주 · 김화 · 아산 등 충남지역의 6개 군수를 지냈는데, 1903년 충남 노성군수(지금의 논산시 노성면)로서 봉세관을 겸했다. 봉세관이 된 김갑순은 충청도 연산군(지금의 세종시)에 있는 선희궁(宣禧宮: 조선 영조의 후궁 영빈 이씨의 거처) 소유의 궁장터 수천 마지기의 마름을 그의 매부 하치관에게 맡겼고, 하치관은 마지기당 벼 한 섬씩의 소작료를 더 받아서 그 차액을 착복했다.

또, 그곳의 친위영 군대의 양식을 조달하기 위한 농지의 마름도 하치관에게 맡겨서 하치관은 터무니없는 소작료를 받아서 백성의 원성을 샀다. 당시 군수는 상납금(上納金) 징수 등 많은 세금을 거둬들이는 권한이 부여되어서 수령들은 그 세금을 착복할 수 있었고, 또 3년 이상 체납한 조세는 탕감하도록 규정되어 있었지만 이미 백성들로부터 받아들인 세금조차 한양에 보내지 않고 장사를 하거나 고리대를 하면서 국고를 유용해왔다. 6개 군의 군수를 지내는 동안 공공연히 세금을 횡령하는 등 탐관오리의 전형인 김갑순은 1910년 아산군수로 재임할 때 부정이 발각되어 파면되고 형사처벌 될 위기를 맞았지만, 나라가 한일합방이 되는 혼란 덕택에 흐지부지하고 말았다.

합방후인 1911년 그는 공주로 돌아왔지만, 그의 땅 투기와 친일 행적은 그때부터 빛을 발하기 시작했다. 1914년 충청남도 참사를 거쳐 1920년에는 충청남도 평의원에 선출되는 등 관변 조직에 뛰어들어 1921년에는 중추원 참의에 3회 연속 재임했다. 그 밖에도 공주읍회 회원 2회, 충남도회 의원 4회, 충남도 농회(農會)부회장, 우성수리조합장, 1929년에는 조선박람회 평의원을 지냈다.

일제 강점기 대지주 명부에 의하면, 1930년 말 현재 그가 충청도지역에서 소유한 땅은 논 1,267정보, 밭 254정보, 기타 1,850정보(대지 등 포함)등 모두 3,371정보에 이르렀는데, 이것을 평수로 환산하면 약1,011만여 평이나 된다. 특히 그의 재산이 크게 늘어난 계기는 공주부의 작은 마을에 불과했던 대전에 1904년 러·일전쟁 무렵부터 경부선 철도역이 놓이고, 1914년 호남선 서대전역이 세워지면서 도시개발 바람이 불자 대전의 토지를 집중 매입하고, 1932년 충남도청을 공주에서 옮기는 데 성공한 결과였다.

1938년 당시 대전의 전체 토지 57만8천 평 중 그의 소유가 약 22만여 평으로서 대전의 토지 약40%가 그의 소유였다. 그는 고작 1~2전을 주고 산 땅을 1만 배가 넘는 1백 원 이상 받아 떼돈을 거머쥐게 되었다. 그 뿐만 아니라 그는 공주를 중심으로 한 각 방면의 버스노선을 개설하여 자동차운수업을 시작했으며, 1921년에는 대전온천주식회사 사장으로 유성온천의 개발도 하였다.

이렇게 탐관오리와 부정 축재한 그는 1937년 중일전쟁 이후 기득권 유지를 위하여 본격적으로 친일대열에 가담하게 된다. 그는 일제의 황국신민화운동의 앞잡이인 국민정신총동원조선연맹 결성 때 발기인으로 참가하였으며, 1940년 국민총력조선연맹 평의원, 조선임전보국단 이사, 흥아보국단 준비위원회 충남대표 등 친일인사로 활동하였다. 더욱이, 지금의 세종시 금남면에 있는 민족단체인 금강도교(金剛道敎)를 경찰에 밀고하여 금강도교의 간부 전원을 투옥시키고, 금강도교의 단군성전을 인수하여 단군상 대신 역대 조선총독의 사진을 안치해 놓고 조선인들에게 참배를 강요하는 친일을 자행했다.

그러나 해방 후 친일파로 몰려서 제헌국회에서 공주출신 국회의원 김명동으로부터 온갖 수모를 당하자, 2대 총선에서는 그 원한을 갚으려고 두 아들과 장손을 국회의원에 입후보시켰으나 모두 낙선했다. 세월은 흘러서 행정수도가 이전되는 공주, 연기지역은 아직 밑그림도 나오지 않은 상황이지만, 거래 없이 땅값만 날로 치솟고 있다. 이런 판에 혹시라도 김갑순 같은 땅 투기와 탐관오리 같은 위정자들은 없을 것인지….

-월간 법조 2005년 2월호-

15. 이하부정관(李下不整冠)

서울중앙지방법원은 특검이 청구한 김경수 경남지사에 대한 드루킹 댓글조작사건 '공범'으로 판단하여 청구한 구속영장을 기각했다. 2017년 대선 당시 문재인 후보를 수행한 국회의원이자 지난 6월 지방선거에서 경남지사로 당선된 김 지사는 현 정권의 실세 중 실세인데, 특검은 검경의 수사결과와 달리 김 지사가 2016년 11월 9일 킹크랩 시연회를 보고 난 뒤에 사실상 사용을 승인하고 공감수 조작을 지시하는 등 댓글조작에 깊숙이 개입한 것으로 본 것이다.

'드루킹 댓글 조작'은 지난 1월 경기도 파주 출판단지에 '느릅나무 출판사'를 설립한 대표 김동원(필명 : 드루킹)을 비롯한 회원들이 인터넷에서 각종 여론조작을 하였다며, 청와대 게시판에 네이버 뉴스 댓글조작 의혹이 제기되자 네이버와 민주당이 수사를 의뢰한 것이 시작이었다.

경찰은 현 정부를 비방하는 댓글에 조직적으로 가담한 민주당원 김 모 씨 등 5명을 구속했지만, 그 과정에서 2017년 대통령선거 때 문재인 후보를 적극 후원한 드루킹이 회원인 모 대형 로펌 소속 도모 변호사를 오사카총영사로 임명을 요구하였으나 거부되자 그 반감으로 현 정부를 비방하는 여론조작을 했다고 밝혔다.

수사결과가 발표되자 야당과 일부 법조계에서는 이들이 19대 대선 전부터 문재인 후보 당선을 위하여 조직적으로 여론을 조작해온 구체적인 증거와 현 정부 실세들이 관련된 의혹이 나왔는데도 축소수사 의혹을 제기하면서 직전 대통령에 대한 국정원 댓글 조작사건을 능가하는 대통령당선무효도 가능한 여론조작 게이트라며 특검수사를 요구했다. 여당인 민주당의 고발로 시작된 드루킹 댓글조작사건은 부메랑이 되어 그 최종책임자로 김 지사가 지목받게 된 것이다.

드루킹 사건의 실체가 경찰이 발표한대로 드루킹 일당의 개인적인 일탈행위였는지, 아니면 정권실세인 김 지사의 하수인으로서 댓글조작을 감행했는지 여부에 있으나, 여당은 오랫동안 특검수용을 거부하다가 결국 2018년 5월 21일 특검법을 통과시키면서 6.13 지방선거 이후 수사에 착수하게 되었다.

그러나 특검은 경찰과 검찰이 현 정권의 눈치를 살피느라 김 지사의 휴대폰에 대한 압수수색 등 기본적인 절차도 거치지 않은 부실한 초등수사에 시기적으로 증거수집의 곤란, 일부는 공소시효가 지나는 등 수사의 한계를 안고 출범했다. 또, 특검이 현 정권의 아킬레스를 건드리는데다가 특검의 구성도 종래 검사장이나 법원장급이 아닌 플라이급 수준이라며 여론은 그다지 기대하지 않았지만, 결국 김 지사의 영장청구가 기각되자 동력을 잃고 특검법상 30일의 연장수사를 할 수 있음에도 불구하고 연장신청을 하지 않은 채 김 지사의 불구속 기소로 마무리 하겠다고 했다.

특검은 드루킹이 그동안 숨겨왔던 여론조작 및 김경수 관련 60기가 분량의 USB 메모리 자료를 특검에 제출하자 특검은 더 이상 드루킹의 협조가 필요 없을 정도라고 의기양양 했는데, USB에는 김경수와의 보안 메신저 대화, 김경수와 만난 일시와 상황을 기록한 일기, 김경수에게 보고했던 '댓글 작업' 내용 등이 포함된 것으로 알려졌다. 결국 특검은 보강수사 후 구속영장을 재청구할 수 있는데도 상 활동을 연장 요청을 포기함으로서 경찰과 검찰은 '정권의 시녀'라는 불명예를 벗고 환골탈태할 절호의 기회를 상실하였을 뿐만 아니라 특검조차 살아있는 권력의 실세에 대한 수사가 흐지부지하게 끝나고 말 것 같다.

드루킹 일당과 김 지사의 커넥션 여부는 재판과정에서 진실이 밝혀질 것인지 지켜보아야 하겠지만, 어쩌면 정권이 바뀐 뒤에야 이른바 적폐청산의 하나로 재수사 요구로 휴화산의 폭발처럼 터져 나올 가능성도 전혀 간과할 수 없다.

우리는 김 지사가 그동안 여러 차례 말을 바꾼 사실을 주목하면서 '오이 밭에서 신발을 고쳐 신지 말고, 배나무 밑에서는 갓끈을 고쳐 매지 말라(瓜田不納履 李下不整冠)'이란 고사를 기억하게 된다.

우선, 김 지사는 드루킹을 잘 모른다고 했고 또 그에게 의례적 감사인사만 보냈다고 했지만, 대선 직전에 두 사람이 '재벌 개혁' 같은 정책 문제를 보안 메신저로 논의했으며, 문재인 후보의 연설문에 대한 반응을 드루킹에게 묻기도 한 사실이 USB자료로 밝혀졌다. 더욱이 드루킹이 운영하는 출판사는 지난 8년 동안 단 한 권의 책도 출판하지 않았는데도 월 500만 원가량의 사무실 임대료를 비롯하여 4~5명 직원의 인건비, 댓글 작업에 동원된 조직원 20~30명의 활동비, 경찰이 압수한 170여대의 휴대전화 비용 등 연간 11억 원 정도의 운영비의 조달처가 밝혀지지 않았다.

또, 우리는 역대정권이 과오를 은폐하다가 결국 무너진 사실을 자주 보았다.

3.15. 부정선거의 발단이 되었던 마산의 고교생 김주열 사건, '탁하고 치니 억하고 죽었다는 1980년 서울대생 박종철 고문치사 사건, 1987년 연세대 이한열 사건 등은 물론 1992년 14대 대선 때 이른바 부산 초원복집사건이 그랬고, 2012년 18대 대선 때 국가정보원소속 요원들의 이른바 국정원 댓글조작사건도 그랬다. 초원복집사건은 3당 합당 후 민자당 김영삼 후보를 당선시키려고 당시 법무부장관, 검찰, 경찰 간부 등이 '우리가 남이가? 낙선하면 영도다리에서 빠져죽어야 한다'는 지역감정 유발로 부정선거를 획책했지만, 처벌은 그 대화를 도청한 국민당의 정몽준 의원 등이 '주거침입혐의'로 처벌받았을 뿐이었다.

2012년 국정원 댓글조작사건도 경찰은 국정원직원 개인의 일탈로 발표했지만, 국가정보원장의 지시에 의한 조직적인 대선 여론조작 사실이 밝혀져 국정원장은 국정원법 및 공직선거법위반 혐의로 단죄되었다. 김 지사가 드루킹 일당의 교활함에 속은 피해자일지는 아직 알 수 없지만, 분명한 것은 오이 밭에서 신발을 고쳐 신지 말고 배 밭에서 갓끈을 고쳐 매지 말아야 한다는 고사만으로도 국민에 대한 책임을 부담해야 한다고 생각한다. 오호 통재라!

-2018.08.23. 고시 위크 칼럼-

16. 진돗개와 푸들

한미정상회담 차 미국을 방문한 대통령 관련 뉴스를 읽으면서 가슴이 철렁함과 동시에 또 하나의 신용비어천가가 만들어지고 있는 것에 대하여 불쾌한 기분을 감출 수 없다. 아래는 국내 주요 신문 및 통신사들이 보도한 기사 그대로의 내용이다.

'워싱턴에서 트럼프 미국 대통령과 한미정상회담을 위해 6월 28일 오후 전용기편으로 출국한 대통령은 '기내 첫 일정'으로 수행한 청와대 출입기자단 간담회를 택했다.

기자단의 요청이 있기도 했지만, 역사적인 첫 한미정상회담을 앞두고 자신의 생각을 한 번 더 밝힐 수 있는 좋은 기회인 데다 언론과의 스킨십을 강화하려는 평소 대통령의 지론도 반영됐다. 기자단 좌석을 돌며 일일이 악수를 나눈 대통령은 선 채로 20분간 질의응답 시간을 가졌다.

한미 자유무역협정(FTA)에 대한 질문에 말을 이어가던 중 갑자기 난기류가 발생해서 기체가 1분 가까이 흔들렸다. 주변에 있던 참모들은 깜짝 놀랐고, 천장을 짚거나 의자를 붙들고 있어야 할 정도였다. 그러나 대통령은 전혀 당황하지 않았고, 참모들은 대통령이 중심을 잃지 않게 팔 등 신체를 붙잡았다. 당시 대통령 옆에는 홍보수석과 대변인, 경호실장, 정책실장, 외교부 장관 등이 서 있었다. 대통령전용기의 기자석 앞에 선 채로 마이크를 잡은 대통령의 몸이 순간 '휘청'했다. 급작스러운 난기류로 기체가 흔들린 탓이다.

불안정한 기류로 기체가 1분 넘게 심하게 흔들렸지만, 젊은 시절 특전사에서 복무하면서 군용 수송기의 거친 비행에 단련된 대통령은 전혀 당황한 기색 없이 말을 이어갔다. 대통령 주변에 같이 서 있던 참모들이 말렸지만, 대통령은 이를 물렸다. 경호실장은 심각한 표정으로 문 대통령에게 자리로 돌아갈 것을 권유했고, 윤 수석도 간담회를 중단시키려 했지만 문 대통령은 "1분만 더 하겠다"며 말을 이어갔다.

"대통령님! 규정상 앉으셔야 합니다. 청와대 기자단 여러분! 여기까지만 하겠습니다."(주영훈 경호실장과 윤영찬 국민소통수석 등 청와대 참모진)

"조금만 더 하겠습니다."(문재인 대통령)

간담회가 끝나자 참모들은 즉각 회의를 열어 당시 아찔했던 상황을 떠올리며 가슴을 쓸어내린 것으로 전해졌다. 한 수행 관계자는 "당시 기체가 흔들린 상황에 많이 놀랐지만, 더 놀란 것은 대통령께서 전혀 당황하지 않던 모습"이라며 "그런 상황에서도 끝까지 언론과 소통하겠다는 대통령을 보면서 '외유내강'의 모습을 느꼈다"고 말했다.

그러나 누누이 강조하지만 사고는 예고가 없다. 그리고 이처럼 기체가 요동하는 난기류 상황에 경고등이 켜지고 기장의 안내방송까지 있었다면, 승객은 당연히 자리에 앉아서 안전벨트를 매야 한다. 기장의 안내에 따르지 않은 경우에 항공법위반은 둘째치고, 이 사실을 목격한 언론들은 대통령의 무모한(?) 행동을 비판해야 함에도 마땅하다. 그런데도 오히려 특전사 운운하며 아첨하듯 칭송하는 말은 정말로 올바르지 못하다.

현 정권은 대통령의 탁월한 능력이나 그의 선거공약이 우월해서가 아니라 직전 정권과 여당의 무능, 부패에 대한 반사효과적인 측면이 강하다. 그리고 41% 지지로 당선된 대통령이 83~4%의 지지를 얻으며 고공 행진하는 것은 직전 대통령의 불통, 무능에 기인한 것이지만, 언론들이 정권 실세들을 칭송하는 목소리가 신문 · 방송 · 잡지에 가득차고 있는 것도 정도를 넘은 것 같다. 물론 새 정권이 출범하는 시기에 덕담으로 한두 마디로 칭송하는 것은 좋지만, 마치 출생할 때부터 비범한 조짐을 안고 태어나 평범한 일반인과 다른 성장을 거쳤다는 등의 미사여구는 당면한 우리의 현실을 타개하는데 전혀 도움이 되지 못한다. 마치 500년 고려왕조를 무너뜨리고 조선을 건국했던 이성계를 칭송하는 세종의 용비어천가를 빗댄 신용비어천가라느니 문비어천가라는 말도 들린다.

우리 현대사에서 초대 대통령 이승만부터 현재까지 언론은 사회의 목탁으로서 중립적 시각에서 보도하고, 정부 정책의 잘잘못을 비판하는 사회적 기능을 다해야 하지만, 살아있는 권력에 비굴할 정도로 굴종하는 모습을 보여 왔다. 특히 군부출신인 박정희와 전두환 대통령 시절에 가장 노골화 했으며, 2012년 대통령 선거에서 외국 언론은 '독재자의 딸'이 대통령이 되었다고 혹독한 비판을 했음에도 불구하고 국내 언론들은 한결같이 '건국이후 최초의 여성대통령'에만 초점을 맞춰서 보도한 수첩공주의 말로가 어떠했는지 잘 알 수 있다.

새 정부의 국무총리도 인사청문회 장에서 신군부의 서슬이 퍼렇던 1980년대 현역기자로서 신군부 실세인 전두환 당시 대통령을 '위대한 영도자'라며 찬양 기사를 썼다고 지적받는 것을 지켜보았다. 총리후보자는 격론 끝에 임명이 되었지만, 노동자연대라는 시민단체에서는 '학살자 전두환 찬양한 어용기자 - 문재인은 이낙연 총리 지명을 철회하라'라는 성명을 발표하기도 했다. 이렇게 정권이 바뀔 때마다 사회의 목탁인 언론이 최고 지도자의 입에 맞는 언행을 하는 것은 또 하나의 무소불위의 독불장군을 만드는 것은 아닐는지 걱정스럽다. 일찍부터 펜은 칼보다 강하다고 말해 왔는데도, 우리 언론은 잘 감시하는 진돗개가 아니라 어느 때부턴가 잘 길들여진 푸들처럼 변해버린 것에 가슴에 손을 얹고 조용히 반성해야 할 것이다.

-2017.07.06. 고시 위크 칼럼-

동상이몽

정승열 세 번째 수필집

발 행 일 | 2018년 10월 31일
지 은 이 | 정승열
발 행 인 | 李憲錫
발 행 처 | 오늘의문학사
출판등록 | 제55호(1993년 6월 23일)
주 소 | 대전광역시 동구 대전로867번길 52(한밭오피스텔 401호)
전화번호 | (042) 624-2980
팩시밀리 | (042) 628-2983
전자우편 | hs2980@hanmail.net
카 페 | cafe.daum.net/gljang(문학사랑 글짱들)
| cafe.daum.net/art-i-ma(아트매거진)

공 급 처 | 한국출판협동조합
주문전화 | (070)7119-1752
팩시밀리 | (031)944-8234~6

ISBN 978-89-5669-956-1
값 15,000원

* 이 책은 교보문고에서 eBook(전자책)으로 제작하여 판매합니다.
* 잘못 제작된 책은 바꾸어 드립니다.
* 이 책은 대전광역시 DAEJEON METROPOLITAN CITY 와 대전문화재단 에서 사업비 일부를 지원 받았습니다.